Lou Andreas-Salomé

**mit Selbstzeugnissen
und Bilddokumenten
dargestellt von
Linde Salber**

Rowohlt

Dieser Band wurde eigens für «rowohlts monographien» geschrieben
Den Anhang besorgte Gloria Domke
Redaktionsassistenz: Katrin Finkemeier
Umschlaggestaltung: Werner Rebhuhn
Vorderseite: Lou Andreas-Salomé, Foto von 1897
(Mit freundlicher Erlaubnis von W. E. Freud et al., durch Vermittlung
von Sigmund Freud Copyrights, Wivenhoe)
Rückseite: Lou von Salomé, Paul Rée und Friedrich Nietzsche.
Im Atelier Jules Bonnet, Luzern 1882
(Lou Andreas-Salomé-Archiv, Göttingen)

Veröffentlicht im Rowohlt Taschenbuch Verlag GmbH,
Reinbek bei Hamburg, Mai 1990
Copyright © 1990 by Rowohlt Taschenbuch Verlag GmbH,
Reinbek bei Hamburg
Alle Rechte an dieser Ausgabe vorbehalten
Satz Times (Linotronic 500)
Gesamtherstellung Clausen & Bosse, Leck
Printed in Germany
ISBN 3 499 50463 4

5. Auflage März 2001

Inhalt

Lou Andreas-Salomé

Einleitung

Den Namen Lou Andreas-Salomé verbinden wir heute weniger mit ihrem literarischen Werk und ihren Essays über Kunst, Religion, Erotik und Psychoanalyse als mit drei großen Repräsentanten der deutschen Geistesgeschichte: Friedrich Nietzsche, Rainer Maria Rilke und Sigmund Freud. Als Lous erste Bücher erschienen, ging ihr der Ruf voraus, sie habe einen Heiratsantrag Nietzsches abgelehnt. Das übte – neben ihrer persönlichen Wirkung – auf die meisten Menschen ihres Umgangs einen besonderen Reiz aus.

Leben und Werk der Lou Andreas-Salomé rufen Kritik wie Begeisterung hervor. Wieweit man ihren Werken künstlerischen Rang zuerkennen kann, ist durchaus umstritten. In ihrer Zeit schätzte man ihre Werke sehr. Albert Soergel widmete ihr einen ausführlichen Abschnitt in seiner Darstellung der «Dichter und Dichtung der Zeit» des Naturalismus und seiner Gegen- und Nebenströmungen von Symbolismus und Neuromantik. Maßgebliche Literaturkritiker der Jahrhundertwende, wie die Brüder Hart, lobten sogar ihr pseudonym erschienenes Erstlingswerk *Im Kampf um Gott*, was Lou belustigte. Der Philosoph Paul Deussen, Schopenhauerianer und Übersetzer altindischer Philosophie, muß nach Lektüre des Buchs gestehen, daß er viel Geist darin gefunden und sich in diesen Geist verliebt habe. Lous Biographin Angela Livingstone spricht dem Werk jeden künstlerischen Wert ab wegen der dekorativ überladenen, geschwollenen und pathetischen Sprache und der vagen Andeutungen von tieferem Sinn.[1]* Darin spricht sich ein Urteil aus, das wir heute fällen können, das aber der Bedeutung des Werkes in seiner Zeit nicht gerecht wird. Immerhin wurde Nietzsche von einem Gedicht der Zwanzigjährigen zu Tränen gerührt. Auch wenn uns das Lebensgefühl von Neuromantik und Symbolismus nach zwei Weltkriegen, nach Dadaismus und Existentialismus mit Recht etwas fremd geworden ist, müssen wir doch würdigen, daß ihr Werk an einer literarischen Umwälzung teilhatte. Soergel zählt sie zu den ganz Jungen, die bei aller Verschiedenheit ihrer künstlerischen Ziele das kritische Gefühl beherrschte: Los von der Tradition, von der Tradition im Leben wie in der Kunst! Das Dichten der Lou

---

* Die hochgestellten Ziffern verweisen auf die Anmerkungen S. 130f.

Andreas-Salomé leite über «von den tendenziösen Temperamentkünstlern, die mit Pathos eine gewisse Tendenz einbläuen, zu den Intellektuellen mit Kunstverstand, von den Anklägern zu den seelischen Analytikern, von den Beobachtenden zu den Kombinierenden, vom Naturalismus zum Symbolismus ... von den Herrschaftsjahren Zolas zu den Herrschaftsjahren Nietzsches»[2].

Loslösung von der Tradition bedeutet Chance für neue Lebensansichten und Verlust von Stabilität zugleich. Ludwig Feuerbachs und Ernest Renans psychologische Analyse des Christentums sowie Paul Bourgets Rekonstruktion der zeitgenössischen Psychologie im Roman hatten eine Sichtweise eröffnet, die dem irdisch-menschlichen Leben eine neue Dignität verlieh. Nietzsches zugespitzte Einsicht des «Gott ist tot», seine radikale Kritik an der dekadenten westlichen Kultur, seine «Umwertung aller Werte» sowie seine Ablehnung der philosophischen Konstruktion von «Hinterwelten» führten zur Grundlegung einer neuen Psychologie, die in der Literatur breite Wirkung entfaltete – auch im Werk Lou Andreas-Salomés.

Rilkes Dichtung, die sich den seelischen Leiden des modernen Menschen zuwandte, der orientierungslos nach neuen Geborgenheiten sucht, entwickelte sich im Austausch mit Andreas-Salomé. In ihrer Liebe zu Rilke hat Lou an der Schöpfung einer neuen dichterischen Sprache, die ihr eigenes Wollen und Können übersteigt, Anteil.

Neben dem Philosophen und dem Sprachkünstler steht der Psychologe Sigmund Freud. Er entwirft sein neues Bild vom Menschen, indem er von den seelischen Konflikten und Krankheiten des Menschen in der viktorianischen Zeit ausgeht. Er untersucht, was Lou immer wichtig war, die Wirksamkeit dunkler, unbewußter Kräfte, die die hohen Werte des bürgerlichen Menschen wie Anstand, Ordnung, Fleiß, Sauberkeit jederzeit umzustürzen drohen.

Wie viele andere Intellektuelle suchten Nietzsche, Rilke und Freud den Umgang mit Lou. Sie fanden in ihr eine Frau, die sie herausforderte, anregte und ihren Gedanken einen adäquaten Widerhall gab, da sie in der Lage war, sie zu verstehen und selbständig fortzusetzen. Ihr klarer Intellekt, ihre mitreißende Phantasie, ihr Drang, das Unkonventionelle zu wagen, hat sie alle fasziniert.

Lous Reiz steigerte sich noch dadurch, daß trotz der aktuellen Gemeinsamkeit mit einem von ihnen doch spürbar war, sie werde sich nicht vereinnahmen lassen. Bei aller Zuneigung zu dem anderen behielt sie sich das Recht vor, in einem nur ihr bekannten Augenblick sich von ihm abzuwenden, um ihr Leben in eigener Regie fortzusetzen. Für diese Selbständigkeit und Unabhängigkeit war ihr kein Preis zu hoch. Man hat sie deshalb als «femme fatale» bezeichnet oder als Frau, die Männer wie Trophäen sammelt. Man sah in ihr aber auch eine Muse mit der außerordentlichen Fähigkeit, die Männer ihres Umgangs dergestalt zu befruchten,

Zeichnung von David Levine

daß sie wenige Monate nach der Begegnung ein Geisteskind zur Welt brachten.

Andere verehrten in ihr das Ideal der autarken Frau, die selbst leidvollen Erfahrungen einen Zuwachs an Lebensglück abgewinnen konnte. Legendenbildung und Idealisierung werden dadurch begünstigt, daß Lou die Grenzen der männlich ausgelegten Vernunftwelt und den darin für die Frau abgesteckten Rahmen sprengt. Damit wird ihr Leben zu einem Sinnbild für die Möglichkeiten anderer Lebensformen. Rationalität und Beherrschung zeigen nur eine Richtung an, nach welcher Wirklichkeit ausgelegt werden kann. Das ganze Leben der Lou Andreas-Salomé zeigt uns aber auch die Probleme eines solchen Versuchs. In ihren literarischen wie in ihren psychoanalytischen Veröffentlichungen fragt sie im Grunde nach sich selbst als Kind, als Schwester älterer Brüder, als junges Mädchen, als Ehefrau, als Geliebte, als Nicht-Mutter, als Künstlerin, als Narziß. Sie fragt nach den Möglichkeiten, die das Leben ihrer Zeit bereitstellt, und nach solchen, die es verwehrt, wählt häufig das in ihrer Zeit «Unmögliche» und beweist – zum Erstaunen und oft zum Entsetzen der anderen –, daß das als unmöglich Definierte gar nicht so festliegt.

Die Balanceprobleme zwischen der Vielfalt möglicher Rollen und einem umgrenzten Bild ihrer selbst sind der eigene Erfahrungshintergrund für ihr Interesse an psychologischen Fragen. Hier liegen ihr besonderes Können wie auch ihre Bedeutung für unser Verständnis der Kultur, in der wir heute leben. Werk und Leben der Lou Andreas-Salomé zeigen am Beispiel des sich wandelnden Bildes der Frau grundlegende Probleme eines Kulturwandels. Der Streit um die Bedeutung einzelner Werke ist demgegenüber weniger belangreich.

Kindheit und Jugend in Rußland

Am 12. Februar 1861 wird Louise von Salomé in St. Petersburg geboren. In einer Zeit voller Gegensätze wächst sie in einer Familie auf, die von dieser Zeitlage nicht beunruhigt zu sein scheint. Inmitten der heftigen Kontroversen zwischen slawophilen Nationalisten und Bewunderern des Westens, zwischen Konservativen und Liberalen, Gemäßigten und Fanatikern sowie zwischen Jung und Alt gelingt es dieser Familie offenbar, eine vor Unruhe geschützte Feudalwelt zu erhalten. Gustav von Salomé (1804–79) steht als General im Dienst des Zaren. Mit 25 Jahren war er bereits wegen besonderer Auszeichnung im polnischen Aufstand zum Oberst ernannt worden und hatte vom Zaren Nikolaus I. einen goldenen Ehrensäbel erhalten. Seit Generationen lebte die deutschstämmige Familie im Baltikum, ursprünglich von Hugenotten in Avignon abstammend, die im 16. Jahrhundert aus Frankreich vertrieben wurden. 1810 zog die Familie nach St. Petersburg, der Hauptstadt des Zarenreichs.

Zar Peters Orientierung an Wissenschaften und Technologien des Westens hatte dazu geführt, daß Holländer, Engländer, Franzosen, Schweden und Deutsche bei Hofe besonderes Ansehen genossen. In Adelskreisen sprach man Französisch und in den Straßen der Stadt war jede Sprache des Westens zu hören. *Schwer zu ermitteln, welches unsere allererste Sprache gewesen: das Russische, damals überwiegend nur im Volk gebräuchlich, wäre ohnehin gleich dem Deutschen und Französischen gewichen. Vorherrschend ward in unserem Falle die deutsche Sprache; sie blieb das Bindeglied zwischen uns und meiner Mutter Heimat.*[3] Vom Russentum unterschieden sich die Einwanderer besonders durch ihre gemeinsame Religion, die als Ausdruck ihrer Identität bedeutsam war; *die evangelischen Kirchen, zu denen die Mehrzahl gehörte, und die ihnen angegliederten Schulen bezeichnen so – trotz der ungeheuren Zerstreuung der Gemeinden über die riesig ausgedehnte Stadt – gewissermaßen Mittelpunkte einer Stadt für sich*[4]. Gustav von Salomé hatte vom Zaren die Erlaubnis für die Gründung einer deutsch-reformierten Kirche in St. Petersburg eingeholt. Gesellschaftlich bewegten sich die Salomés zwar weitgehend in Einwandererkreisen, fühlten sich aber *nicht nur in russischem ‹Dienst›, sondern als Russen*[5]. Sie haben ein Landhaus in Peterhof, nicht weit entfernt von der Sommerresidenz des Zaren.

St. Petersburg: das Generalitätsgebäude, in dem Louise mit ihrer Familie wohnte (vom Winterpalais aus fotografiert)

1844 hatte der General die neunzehn Jahre jüngere Waise Louise Wilm (1823–1913), Tochter eines wohlhabenden Zuckerfabrikanten norddeutscher und dänischer Abstammung, geheiratet. Sie leben in der großzügig ausgestatteten *Dienstwohnung in der Morskája*[6] in der Abteilung des Generalitätsgebäudes an der Moika gegenüber dem Winterpalais. Fünf Söhne, zwei früh verstorben, waren bereits aus der Ehe hervorgegangen. Mit der Geburt eines Mädchens, zu der der Zar selbst ein Glückwunschschreiben schickte, ergibt sich für die Familie von Salomé eine überraschende Ergänzung. Vom 57 Jahre alten Vater wird es mit Begeisterung, von den Brüdern – Alexandre (zwölf Jahre alt), Robert (neun Jahre alt) und Eugene (drei Jahre alt) – mit überlegenem Staunen oder auch mit Eifersucht, von der Mutter mit gemischten Gefühlen angenommen. Die Kinderschar kann nun nicht mehr als gleichförmige Einheit behandelt werden. Ein Töchterchen muß anders erzogen werden, zumal in der zweiten Hälfte des 19. Jahrhunderts. Das bereichert das Leben der Mutter zwar, aber kompliziert es auch.

Zur Ernährung wird das Kind zunächst einer russischen Amme übergeben. *Nur ich hatte eine Amme. Meine Amme, eine sanfte, schöne Person (die später, nachdem sie eine Fußpilgerung nach Jerusalem getan, sogar zur kirchlichen Kleinen Heiligsprechung gelangte – worüber meine Brüder wieherten, was mich aber doch stolz auf meine Amme machte), hing sehr an mir. Russische Njankis stehen ohnehin im Ruf grenzenloser Mütterlichkeit (weniger freilich ebensolcher Erziehungskunst), worin sie keine leibliche Mutter übertreffen könnte.*[7] Bei ihr erfährt Louise körperliche Nähe und Geborgenheit, nicht so sehr bei der leiblichen Mutter – auch später nicht. Da ist es der Vater, an den sich Louise schmiegen kann. In der zärtlichen Bindung an den Vater eröffnen sich Erlebensqualitäten, die den kindlichen Versuch, ein Bruder unter Brüdern zu werden, übersteigen. Im Verhältnis zum Vater kann sich Louise als kleines Mädchen geben, das Schutz, Zuwendung und Großzügigkeit genießt. Der recht gestrenge General wird durch den Charme des kleinen Mädchens zu einer

*Gustav von Salomé
und seine Tochter Louise*

Die Mutter
Louise von Salomé

Haltung des Gewährenlassens verführt. Ihm erlaubt und verzeiht er mehr als seinen Söhnen. Die erwachsene Lou erinnert sich gern *jener Zärtlichkeit, die Mund und Augen meines Vaters für mich gehabt, zugleich geeint unbezweifelbarer Machtfülle*[8]. In der Erzählung *Die Stunde ohne Gott*[9] erfahren wir etwas von den heimlichen Zärtlichkeiten, die vor der Mutter verborgen wurden. Vor der strengeren Mutter nimmt der Vater das Kind in Schutz. Im Umgang mit der Mutter erprobt Louise Zuneigung und Abgrenzung zugleich. Im ganzen gesehen wird Ljola, so lautet ihr russischer Kosename, zum Seelchen ihrer Familie.

In diesen vielfältigen Beziehungen erfährt sich das Kind selbst als vielfältig und wandelbar. Je nachdem, mit wem es gerade zu tun hat, entfaltet es andere Seiten. Solange es keine feste Realität mit Grenzen, Regeln und Verbindlichkeiten gibt, existiert auch noch keine umgrenzte Einheit mit festen Zügen und dem Namen Louise, die ein Mädchen ist. Ein

Grundgefühl, alles sein und werden zu können, bildet sich in ihren frühesten Lebensjahren heraus. Als sich Louises Spielraum erweitert, unterstützt die Vielgestaltigkeit des Hauswesens dieses Gefühl. *Neben den russischen Dienstboten gab es Tataren als Kutscher und Diener bevorzugt wegen ihrer Alkoholabstinenz, und Esten; es mischte sich Evangelisch, Griechisch-Katholisch und Mohammedanisch, Gebet nach Osten und Gebet nach Westen, alter und neuer (Kalender-)«Styl» hinsichtlich Fasten und Gehaltsausgabe. Noch bunter ward dies dadurch, daß unser Landhaus in Peterhof von schwäbischen Kolonisten verwaltet wurde, die in Tracht wie Sprache sich noch genau an ihr Vorbild in der langverlassenen Schwabenheimat hielten.*[10]

Die notwendige Erfahrung, eine einzelne bestimmte Person zu sein, die sich in bestimmte Grenzen zu fügen hat, versucht das Kind gewissermaßen mit einem Trick zu vermeiden: es ist immer mit Gott zusammen. Unter dem Namen Gott schafft es sich eine unbefragt zur Verfügung stehende Ergänzung. Auf diese Weise erlebt sich das Kind als Teil einer Totalität, die gewährleistet ist durch die enge Verbindung zu einem, der um alles weiß und alles kann. Der Gott dieses Kindes hat Züge eines idealisierten Vaters. *Er erwies sich als mein ganz alleiniger Spezialgott dadurch, daß er ein Gott der Opposition war – eine Partei bildend mit dem Kinde, gegenüber allen Erwachsenen mit ihren fremdartigen Begriffen und Interessen und ihrer Leidenschaft für Pädagogik. Die kindischen Korrekturen unter göttlicher Legitimation hinderten, Bruch oder Zwiespalt in mir selber kennenzulernen. Nicht nur wurde das später von Bedeutung für mich, insofern ich mit meinem ganzen Denken und Wollen in starken Gegensatz zu meiner Umwelt geriet und dieses seine Wesensselbstverständlichkeit leicht dabei hätte einbüßen können, sondern überhaupt wurde von vornherein damit der gefährlichsten Gewalt des «Verbotenen» und «Gebotenen» die Spitze abgebrochen und damit die Tendenz zum Verdrängen auf gewissen Gebieten abgestumpft.*[11]

Um so bestürzter erlebt das Kind eines Tages, daß dieser Macht und Sicherheit gewährende Vertraute, Gott, nicht verfügbar ist. Bedrängt durch die scherzhafte Erzählung eines Dienstboten über die Auflösung zweier Menschen (aus Schnee)[12], wendet es sich erstmals um eine Antwort an Gott, die es ihm nicht, wie bisher, selbst in den Mund legen kann. Zum Entsetzen des Kindes bleibt Gottes Antwort aus. Wer nicht antwortet, das hat das Kind längst herausgefunden, der kann ja wohl nicht anwesend sein. Und wenn Gott im wirklich wichtigen Augenblick nicht anwesend ist, dann existiert er womöglich gar nicht. Das Kind Louise muß zum erstenmal einen unbegreiflichen Sachverhalt selbst klären. Da ist etwas, das nicht einfach umerzählt werden kann, etwas, das standhält, eine offenbleibende Frage. Lou hat dieses Erlebnis später als Ur-Schock bezeichnet, den jeder Mensch beim bewußten Erwachen zum Leben erfahre. Diese Erfahrung belebte sich wieder, wenn sie vor einem Spiegel stand, wo sie ebenfalls spürte, daß sie ein einzelnes, bestimmtes, von allem anderen unterschiedenes Wesen war. *Wenn ich da hineinzuschauen hatte, dann verdutzte mich gewissermaßen, so deutlich zu erschauen, daß ich nur das war, was ich da sah: so abgegrenzt, eingeklaftert: so gezwungen, beim Übrigen, sogar Nächstliegenden einfach aufzuhören.*[13]

Im Umgang mit ihrer Mutter, mit der französischen Gouvernante und mit ihren Brüdern kommt es in dieser Zeit, die noch vor dem Schuleintritt liegt, zu Spannungen. Sie beanspruchen, Louises vielfältige Möglichkeiten einzuschränken. Die Forderung nach mädchenhafterem Verhalten erlebt Louise als unangemessene Reduktion auf eine bestimmte Rolle. Natürlich war sie bisher stolz, wenn Vater sie als kleine Frau würdigte, so daß sie sich sehr anstrengte, auf Zehenspitzen eingehängt mit ihm spazieren zu können. Aber im Spiel mit den Brüdern übernahm sie genausogern die Rolle eines wilden Pferdchens. Auch die Rolle des kleinen Hätschelkindes im Umgang mit der Amme wollte Louise nicht missen. Von einem Spaziergang mit einem wenig älteren Mädchen zurückgekehrt, erzählt Louise ihren Eltern eine tolle Geschichte ihrer Erlebnisse. Plötzlich wirft

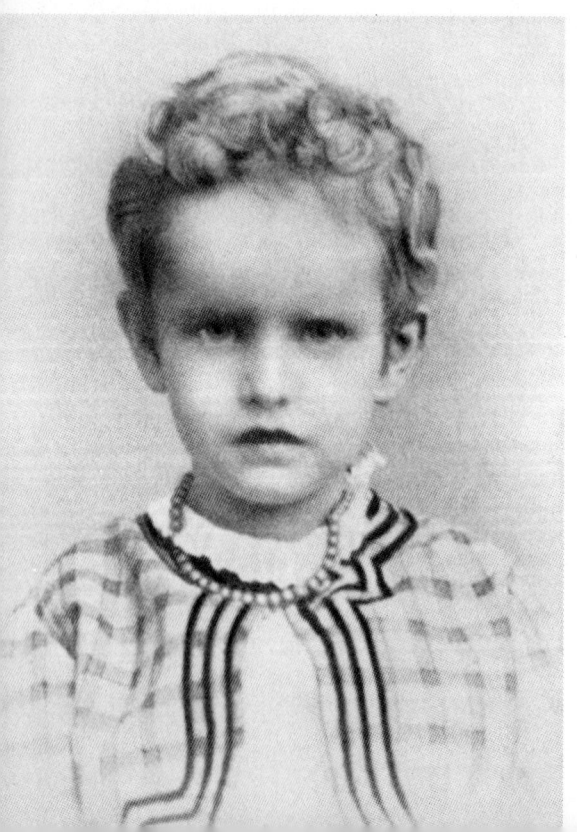

Louise von Salomé

ihre Begleiterin entrüstet ein: «Aber du lügst ja!»[14] Das ist befremdlich, denn lügen will Louise wirklich nicht. Sie möchte gern ein braves Kind sein. So reagiert sie schließlich mit einer Einschränkung der Berichte aus ihrer Welt. Von nun an sondert sich eine private Phantasiewelt ab von der Wirklichkeit, die Louise mit den anderen teilt.

In der privaten Welt, die sie nach dem Gottesverlust als verantwortungsvoller Schöpfer selbst phantasierend gestaltet, spielt sich das Leben nach Louises Regeln ab. Vor dem Einschlafen erzählt sie die Geschehnisse des Tages in Geschichten weiter. Dabei verfügt sie über unendliche Möglichkeiten der Rollenverteilung, hat Umbesetzungen, szenischen Hintergrund, das ganze Bühnenbild in der Hand. Louise entschädigt sich. Während sie sich in der mit anderen gemeinsamen Wirklichkeit fremden Inszenierungen unterworfen sieht, kann sie daneben, gleichsam in einem Phantasiereservat, das passiv Erlittene aktiv herstellen, ohne daß ein anderer sein Maß darüberstülpen könnte. Allerdings beginnt sie unter der Verantwortung, die sie für die verschiedenen Einzelschicksale in ihren Geschichten allein zu tragen hat, zu leiden. Louise übernimmt sich in der Allmächtigkeitsgebärde. Rückblickend schreibt Lou, daß ihre Kindheit durchaus nicht nur glücklich gewesen sei. Louise entwickelt eine ganz eigene Art, Wirklichkeit zu behandeln, indem sie beobachtend wirklichen Menschen und Begebenheiten nachgeht und die Vielfalt des Beobachteten im Ganzen einer Geschichte zusammenhält. Sie wendet all ihre Verstehenskraft auf, um zu verhindern, daß das Beobachtete ins Partikulare zerfällt und eine Wirklichkeit übrig bleibt, die ihr unzugänglich fremd gegenüberstünde. Vorformen ihrer späteren schriftstellerischen Tätigkeit finden sich in dem Versuch, Bedeutung und Schicksal einiger Figuren in ihrem Zusammenspiel schriftlich festzulegen, bis Louise über Knoten eines *Netzwerkes*[15] verfügt.

Die nähere Bekanntschaft mit der Welt der anderen in der Schule konnte sie nicht sehr begeistern. Die Schule wird im Rückblick von Lou Andreas-Salomé dementsprechend kurz erwähnt als Ort, wo sie nichts lernte.[16] Louise besucht die protestantisch-reformierte Petrischule mit Gymnasialrang. Während der Vater seinen Söhnen vorschrieb, was sie zu werden hatten, zwingt er seine Tochter nicht, sich den Schulanforderungen zu unterwerfen. Auf Louises Klagen über die russische Sprache, die in den höheren Klassen obligatorisch wurde, reagiert er gelassen mit der Bemerkung «Schulzwang braucht die nicht»[17], und läßt Louise nur noch hospitieren. Ein Schulheft mit Aufsatzentwürfen über die Académie Française, französische Gedichte, Theater, Pascal und Descartes in französischer Sprache und ein Schulheft mit deutschen Aufsätzen über Schiller und allgemeine Themen hat sie aufgehoben. Literatur und Philosophie werden sie durch ihr ganzes Leben begleiten.

Die Bekanntschaften, welche sie in der Schule knüpft, sind nicht geeignet, Louise *mit dem russischen Lande auf eine neuartige Weise* zu verbinden, die sie zunehmend interessiert, *nämlich politisch. Denn schon braute und gärte bis in die Schulanstalten hinein der Geist des Aufstandes, der bei den Narodniki, den «ins Volk Gehenden», sein erstes Programm gefunden hatte. Es war kaum möglich, jung und lebendig zu sein, ohne davon miterfaßt zu werden, zumal der Geist des elterlichen Hauses, trotz der Beziehungen zum vorigen Kaiser* (Zar Nikolaus I., dem Lous Vater nahestand), *doch sorgenvoll zum herrschenden politischen System stand, namentlich nach der reaktionären Wandlung des ‹Zarbefreiers› Alexander II., nachdem er die Leibeigenschaft aufgehoben hatte.*[18]

Politisch im Sinne des direkten Eingreifens oder im Sinne einer Bindung an eine bestimmte Vereinigung von Gleichgesinnten ist Lou Andreas-Salomé nie gewesen. Die Haltung des Opponierens dagegen ist ihr nicht fremd. Durch die dogmatische Haltung des Konfirmationspfarrers wurde die Siebzehnjährige an die Erfahrung des Gottesverlustes erinnert.

Hermann Dalton, ein Vertreter der orthodoxen protestantischen Auffassung, spricht so, als gäbe es keinen Bruch im Ganzen der Wirklichkeit. Er behauptet, Gott sei immer und überall gegenwärtig. Da entbrennt Louises Kampf mit intellektuellen Waffen. Es gäbe sehr wohl einen Ort ohne Gott, *die Hölle*[19], entgegnet sie.

Die Hölle ist für Louise ein *Ort der Vereinsamung, wo wir selbst uns entwendet werden, also zwiespältig werden, also nicht einmal mehr allein, sondern in der Gesellschaft des Unheimlichen sind*[20]. Louise nimmt zwar, um ihren erkrankten Vater nicht zu enttäuschen, weiter am Konfirmationsunterricht teil, aber für sie steht es fest, daß sie sich von Dalton nicht einsegnen lassen wird.

Sie besucht die Predigt eines anderen Geistlichen. Hendrik Gillot, Pastor der Niederländischen Gesandtschaft und Erzieher der Kinder des Zaren, vertrat eine liberale Auffassung, die durch den deutschen Theologen Otto Pfleiderer geformt wurde. Dessen «Religionsphilosophie auf geschichtlicher Grundlage» war gerade erschienen. Mit Pfleiderers Gedanken zur Geschichte der Gottesverehrung hatte sich Gillot in einer eigenen Veröffentlichung auseinandergesetzt. Die Rekonstruktion verschiedener Entwicklungsstufen religiösen Verhaltens wird sich später in Lous Essays zur Religion wiederfinden. Gillots Betrachtung der Religion als eines geschichtlichen Phänomens setzt eine Theologie fort, die mit den englischen Freidenkern als Gegenbewegung zur Auffassung der geoffenbarten Religion stand. Da Gillot von Louise keinen blinden Glauben verlangt, ermöglicht er dem jungen Mädchen, sich weiter mit der Frage nach der Bedeutung Gottes für den Menschen zu beschäftigen.

Als Louises Vater am 23. Februar 1879 stirbt, spricht sie ihre Weigerung gegen die Konfirmation ihrer Mutter gegenüber offen aus. Das führt zu heftigen Auseinandersetzungen. Die Mutter hält Louises Rebellion für exaltiert und egoistisch. Ihre Abwendung von der Glaubenstradition der Familie wird erst recht verständlich, wenn wir sie vor dem politischen Hintergrund Rußlands nach der Bauernbefreiung sehen. Den Dichter Iwan Turgenjew kannte Louise persönlich, sicher auch sein Buch «Väter und Söhne», in dem er den Nihilisten als neuen Menschentyp charakterisiert. Der Nihilist Basarow übernimmt «nichts» von den Vätern, das er nicht zuvor selbst überprüft und für gut befunden hatte. Auch den Roman «Was tun?» von Nikolai Gawrilowitsch Tschernyschewski, den damals jedes Schulkind kannte, wird sie gelesen haben. Tschernyschewski gehörte zu den «Populisten», die die soziale und ökonomische Lage des vorindustriellen Rußland durch Übernahme westlicher Naturwissenschaft und Technologie verbessern wollten, ohne die Nachteile von Industrialisierung und Kapitalismus. Es gab eine Fülle kontroverser Konzepte für die Realisierung, doch alle Populisten waren sich darin einig, daß der Staat die Verkörperung eines Systems der Gewalttätigkeit und Ungleichheit und daher ein Übel an sich war; er mußte beseitigt werden. Die Dorf-

St. Petersburg, um 1900: Newskij-Prospekt, im Hintergrund die Admiralität

Newa-Kai

gemeinschaft, den «mir», hielten sie für den idealen Keim der sozialistischen Gruppen, auf denen die zukünftige Gesellschaft aufbauen könnte. Der Anschauung Alexander Herzens folgend, glaubten sie, daß die Geschichte kein «Libretto»[21] habe, sondern durch den entschiedenen Willen selbständig denkender und handelnder Menschen gestaltet werden mußte. Individualismus und Freiheit waren das Herzstück des populistischen Humanismus. Außerordentlich mißtrauisch waren die Populisten daher gegen Reformen von oben.[22]

«Von einem echten russischen Schriftsteller erwartete man nicht nur, daß er seine Leser unterhielt, sondern daß er sie durch den Wirrwarr der damals auftauchenden lebenswichtigen Probleme führte.»[23] Tschernyschewski erfüllte diese Erwartung mit einer sozialen Utopie, die wie ein Erziehungsroman des «neuen Menschen» zu lesen ist. Max Stirners Heiligung des individuellen Ich, seine Auffassung, daß jeder ein «Einziger»[24] sei, der sein Leben selbst in die Hand nehmen müsse, ohne durch eine Macht außerhalb seiner selbst begrenzt oder gesichert zu sein, überformt Tschernyschewski zur Weltanschauung des «vernünftigen Egoismus». Die russischen Revolutionäre versuchten, diese Literatur vom neuen Menschen in Leben umzusetzen. Louise sympathisierte mit ihnen. Es lag in ihrem *Schreibtisch verborgen – ein Bild der Wera Sassúlitsch, der, sozu-*

Hendrik Gillot

*sagen, Einleiterin des russischen Terrorismus, die den Stadthauptmann
Trepow anschoß* (den für die verbotene Auspeitschung eines Untersuchungshäftlings Verantwortlichen) *und nach dem Geschworenen-Freispruch... auf den Schultern einer jubelnden Menge hinausgetragen
wurde*[25].

Lou schreibt es Gillots Wirkung zu, daß sie keinen Anschluß an die
revolutionären Schüler- und Studentenzirkel suchte. Nach dem Tod des
Vaters belebt sich in der Gemeinschaft mit Gillot die frühe Erfahrung der
Gott-Vater-Kind-Einheit. Gillot macht ihr eine neue Form zugänglich,
das Leben als Ganzes zu haben: im Entwurf von Denksystemen. Zunächst hielt Lou ihre Stunden des Privatunterrichts vor der Mutter geheim. Sie spürte wohl, daß etwas Verbotenes im Spiel war. Nicht, daß sie
Gillot liebte oder er sie, sondern wie sie ihn liebte, schien ihr, betrachtet
mit den Augen der anderen, bedenklich. In Gillot war die Einheit mit

Gott-Vater für sie leibhaftig zu haben. Auf seinem Schoß fällt die Achtzehnjährige zitternd in Ohnmacht. Übersteigertes Erleben kennzeichnet die ganze Zeit der gemeinsamen Arbeit. Sie lesen Spinoza, Leibniz, Kant, Kierkegaard, beschäftigen sich mit der Geschichte der Theologie und dem gemeinsamen Kern verschiedener Religionen.

Gillot macht sie mit dem streng methodischen Denken westlicher Philosophie vertraut. Das bedeutet für sie, die bis dahin in tagtraumartigen Phantasien lebte, eine Revolution ihrer Denkungsart. Endlich findet sie eine eigene Richtung, in der ihre von den konservativen Vorstellungen ihrer Mutter abweichenden Ansichten über die Interessen einer Frau Gestalt gewinnen. Sie besucht nicht die Feste in der vornehmen Gesellschaft, bereitet sich auch nicht auf die Rolle eines Hausmütterchens vor, sondern will erst einmal studieren.

Gillot nimmt Louises Begeisterung persönlich. Er liebt sie maßlos. Als Familienvater von 42 Jahren ist er bereit, alles aufzugeben, und macht ihr einen Heiratsantrag. Damit vereindeutigt sich plötzlich für Louise die Vater, Gott und «Alles» repräsentierende Gestalt Gillots ins Bloß-Irdische, worauf sie anders reagiert als Bolette in Ibsens «Hedda Gabler», von der Lou zehn Jahre später schreibt: *Um nicht allein hinausgehen und ihre Freiheit schwer erkämpfen zu müssen, bequemt sie sich sogar zu einer ganz neuen Fessel: der Ehe*[26] mit ihrem ehemaligen Hauslehrer. Lou tritt aus

Konfirmations-Eintrag im Kirchenbuch von Santpoort

der protestantisch-reformierten Kirche, der ihre Eltern angehören, aus. Sie will Rußland verlassen, unkonfirmiert kann sie jedoch keinen Ausreisepaß erhalten. In Begleitung ihrer Mutter fährt sie eigens nach Holland, wo sie in einer kleinen Kirche in Santpoort am 22. Mai 1879 von Gillot mit den Jesaja-Worten eingesegnet wird: «Fürchte dich nicht, denn ich habe dich erlöst: ich habe dich bei deinem Namen gerufen, du bist mein.»[27] Das klang ihr wie ein überirdisches Ehebündnis.

Tatsächlich behält sie den von Gillot verliehenen Namen Lou bei. Weder durch das Ausweichen vor der irdischen Ehe noch durch die äußere Trennung löst sich das seelische Verhältnis zu Gillot auf. Später versucht sie immer wieder zu verstehen, was ihr hier geschah. Sie spricht vom Unnormalen im Wesen des Mädchens, das sie war, und von gehemmter Entwicklung. *Aber gerade infolge von diesen Reifehemmnissen hatte mir die unvollendete Liebeserfahrung einen unwiederholbaren, durch nichts zu überbietenden Zauber behalten, eine Unwiderleglichkeit, die sich die Probe auf das Leben ersparte.*[28] Diese Darstellung paßt zu ihrer frühen Form der Auseinandersetzung mit der Wirklichkeit: *An einer kleinen Erinnerung wird mir die Methode, womit ich Zweifel abgehalten haben mag, plausibel: In einem prachtvollen Knallbonbon, mir von meinem Vater anläßlich eines Hoffestes mitgebracht, mutmaßte ich goldene Kleider; als man mich jedoch belehrte, es enthielte nur Kleider aus dünnem Seidenpapier mit goldenen Rändchen – da ließ ich es ungeknallt. So blieben darin gewissermaßen dennoch goldene Kleider.*[29]

Verzicht auf Realisierung und Übersteigerung einer Möglichkeit lassen sich auch im weiteren Leben Lous oft feststellen. Lou erweitert mit der Trennung von Gillot ihren Wirkungskreis in der wirklichen Welt. Das Reisen tritt an die Stelle des Phantasierens. Mit dem Menschen Gillot bleibt Lou bis zu ihrer Trauung in Kontakt. Sie setzt ihn gleichsam an die Stelle des verstorbenen Vaters, schreibt ihm, wenn sie im wirklichen Leben auf Probleme stößt, und besucht ihn auch. Der Gott-Vater Gillot lebt fort als Rätsel. Mitte der achtziger Jahre schreibt sie, sie könne ihn nicht kennenlernen, wie sie andere kennenlerne. *Er bleibt für mich das, was meine Empfindungen aus ihm machen.*[30]

Studieren als Lebensform

Im Herbst des Jahres 1880 verläßt Lou mit ihrer Mutter das Zarenreich, um ein Studium in Zürich aufzunehmen. Die Mutter begleitet sie in den nächsten zwei Jahren. Nur wenige Universitäten waren damals den Frauen zugänglich, allerdings nahmen auch noch nicht viele die neue Chance wahr. Eine Ausnahme bildete die revolutionäre russische Jugend, die sich in Zürich auf die materielle, geistige und politische Umgestaltung der russischen Gesellschaft vorbereitete. Anläßlich der Ermordung des Zaren Alexander II. (1881) fand sie sich zu einem Fackelzug durch die Stadt zusammen. Lou schließt sich ihnen auch in Zürich nicht an. Sie lebt weiter in einer Ideenwelt und ist mehr damit beschäftigt, sich von den traditionsgebundenen Auffassungen ihrer Mutter freizudenken.

Jahre später beschreibt Lou in ihrem Buch *Ma* (1901) den Generationskonflikt zwischen Mutter und Tochter. Trennung und Enttäuschung aneinander seien der Tribut, den ein jeder dem Gewinn an Freiheit und Individualität zu zollen habe. Lous Mutter spürt mit großem Unbehagen, daß Lou ein «vollkommen freies Leben» führen möchte und bezweifelt, daß sie darin «ihr wahres Glück» finden werde. Aber sogar während der Zeit, wo die Mutter *am bittersten darunter litt, weil es* (das Ideal der Tochter) *am krassesten gegen die damaligen gesellschaftlichen Sitten verstieß, machte Muschka das still mit sich selber ab: unverbrüchlich zu mir haltend der Welt gegenüber*[31]. Theologie, Philosophie und Kunstgeschichte scheinen Lou die geeigneten Disziplinen zu sein, ihr eigenes Denken zu verfeinern. Bei dem liberalen protestantischen Theologen Alois Emanuel Biedermann hört sie Dogmatik, allgemeine Religionsgeschichte auf philosophischer Grundlage, Logik und Metaphysik. Biedermann, der Lous geistige Kapazität und ihre entschlossene Haltung bewundert, charakterisiert sie als einen «Demanten» und schenkt ihr seine «Christliche Dogmatik» mit der Widmung: «Der Geist erforschet alle Dinge, auch die Tiefen der Gottheit»[32]. Den Lehrstuhl für Kunstgeschichte hat Gottfried Kinkel inne, dessen bewegtes Leben in den «Memoiren einer Idealistin» von Malwida von Meysenbug[33] beschrieben wurde. Kinkel, der selbst Gedichte veröffentlicht hatte, begutachtet Lous Gedichte, bezeichnet sie als «höchst eigenthümlich in Gedanken und tief von Seelenstimmung»[34] und rät ihr, sie in der «Gartenlaube» zu veröffentlichen.

Zürich, um 1880

Lou wird von ihrem Studium gefangengenommen, sitzt wieder Tag und Nacht über den Büchern und gönnt ihrem Körper keine Erholung. Nach einem halben Jahr erkrankt sie, wie schon in St. Petersburg, an Bluthusten und muß ihr Studium in Zürich aufgeben. Von Scheveningen kehrt sie bald ohne Besserung ihres Zustands zurück. Nun soll das südliche Klima Italiens Hilfe bringen. Anfang 1882 begleitet die Mutter sie nach Rom. Dort verkehrt sie im Haus der Schriftstellerin Malwida von Meysenbug.

Eine Verbesserung der Kultur ihrer Zeit versprach sich Malwida von Meysenbug von einer veränderten Stellung der Frau. Durch geistige und künstlerische Betätigung, den Gewinn an ökonomischer Unabhängigkeit, eine selbständige Position im Leben und die Gestaltung ihrer eigenen Individualität könne es der Frau gelingen, nicht wie bis dahin aus der Abhängigkeit von den Eltern in die Abhängigkeit vom Mann überzuwechseln. Freiheit der individuellen Überzeugung und ein Leben dieser gemäß sei das erste der Rechte und die erste der Pflichten eines Menschen, also auch der Frau. Im Haus der Malwida, in der Via della Polveriera in Rom, gehört Lou bald zu einem Zirkel, der sich zu der Zeit gerade mit der Philosophie Schopenhauers beschäftigt. An diesen Zusammenkünften gefällt ihr besonders gut, daß dort so gänzlich verschiedene philosophische Ansichten vertreten werden.

Im März 1882 erscheint der Philosoph Dr. Paul Rée, den man heute allenfalls durch das merkwürdige Gruppenfoto mit Lou und Nietzsche kennt, in diesem Kreis. In einer Zeit, als Nietzsche nach Auffassung seines enttäuschten Lehrers Friedrich Wilhelm Ritschl mit seinem Buch: «Die Geburt der Tragödie aus dem Geiste der Musik» (1872) die Grenzen der Philologie verläßt und in «geistreiche Schwiemelei» abrutscht, entdeckt Paul Rée, daß Nietzsche unter Einbeziehung der Werke Schopenhauers und Wagners eine neue Philosophie entwirft. 1873 hörte Rée Nietzsches Vorlesung über «Die vorplatonischen Philosophen» in Basel. 1875 überreicht er ihm seine Dissertation über Fragen der Ethik bei Aristoteles und seine Aphorismensammlung «Psychologische Beobachtungen». Im Oktober 1876 begleitet er Nietzsche nach Sorrent, wo Malwida von Meysenbug für den kranken Nietzsche eine erholsame Form gemeinsamen Studierens organisiert hatte. Rées psychologische Beobachtungen wie auch seine zentrale These von der geschichtlichen Erklär-

1881

barkeit des Gewissens haben Nietzsche so sehr beeindruckt, daß er ihn in «Menschliches, Allzumenschliches» einen der kühnsten und kältesten Denker nennt.[35]

Für Lou war Rées Philosophieren ein Gegengewicht zu ihren eigenen schwärmerischen, lyrischen Gefühlsergüssen. In nächtlichen Gesprächen beim Durchwandern Roms lernen Lou und Rée einander näher kennen. Für Rée sind Gott, Religion, Moral Konventionen, die keinen höheren Stellenwert haben als die bewußte Stellungnahme des Menschen zu den Fragen seines Lebens. Das Gewissen ist Ausdruck eines menschlichen Versuchs, für die eigene Person im Zusammenleben mit anderen Maß, Richtung, Ziel, Ordnung, Gut und Böse zu finden und auf Zeit festzulegen. Selbst durch die französischen Moralisten geformt, beeinflußt Rées Denken Nietzsches «entlarvende Psychologie» und auch Lous Weltanschauung.

Die Jahre 1882 bis 1884 sind durch Briefdokumente reich belegt. Wir können verfolgen, wie sich Lou in der Erweiterung ihres Lebensfeldes selbst formt, wie sie sich in ihrer Wirkung auf andere Menschen spiegelt und welches Bild sich die anderen von ihr machen. Lou kann in diesen Jahren frei disponieren. Sie disponiert über ihren Körper, der bloßes Denk- und Arbeitsinstrument zu sein hat. Bluthusten und Hustenfieber werden von ihr mehr geduldet als erlitten. Körperliche Intimität klammert sie aus. Der Asket, sagt Nietzsche, betreibe die Ausbildung seiner Vernunft und verfolge dabei zugleich eine geheime «Absicht auf Gefühls-Ausschweifung»[36]. Die Psychoanalyse kennt eine Sexualisierung des Denkens. Lou selbst notiert in ihren letzten Lebensjahren zu diesem Problemkomplex, daß durch ein *Ablenken vom Vollziehen des actus, und aus dieser Reibung an einem Verzicht sich sehr gut eine seelische Gewalt entbinden könne, die dem analogen rein-korporellen Zeugerischen nicht nachsteht*[37]. Das heißt, der Verzicht auf sexuelle Befriedigung setzt geistig-schöpferische Kräfte frei. Intellektuelle Potenz, Kenntnisreichtum und geistige Beweglichkeit werden Lou von allen Seiten bestätigt.

Im Frühjahr 1882 laden Rée und Malwida von Meysenbug Friedrich Nietzsche nach Rom ein. Sie schreiben ihm von Lous Interesse an seiner Philosophie und beschreiben Lou als «ein sehr merkwürdiges Mädchen», welches «im philosophischen Denken zu denselben Resultaten»[38] gelangt sei wie Nietzsche. Nietzsche entgegnet: «Grüßen Sie diese Russin von mir wenn dies irgend einen Sinn hat: ich bin nach dieser Gattung von Seelen lüstern. Ja ich gehe nächstens auf Raub danach aus ...»[39] Rée hatte immer das Gefühl, er müßte Lou «unsterblich machen helfen»[40]; sie mit Nietzsche zusammenzuführen hat sich tatsächlich als erfolgreiche Methode dafür erwiesen.

Die Bedeutung Nietzsches für Lou im Jahre 1882 darf man nicht überschätzen. Was Nietzsche und seine Philosophie für sie wirklich waren, hat sich erst im Laufe ihres Lebens herausgebildet. Der siebenunddreißigjäh-

Malwida von Meysenbug

rige Nietzsche war damals ein Philosoph «auf eigene Hand», nur wenigen
waren seine Schriften interessant. Seine Wirkung im persönlichen Umgang war eher die eines verschrobenen Grüblers, der sich selbst sehr
wichtig nahm. Lou war zu dieser Zeit alles andere als die Schriftstellerin
und Psychoanalytikerin mit ihrer eigenwilligen Lebensgeschichte, die
uns heute fasziniert. Man muß von dem Glanz der Wirkungsgeschichte
und Legendenbildung, die sich später um diese beiden Menschen kristal-
lisiert haben, zunächst einmal absehen und sich das Ganze etwas bana-
ler vorstellen. Lou ist ein lebensneugieriges, eigenwilliges Mädchen
von 21 Jahren, das zwar Gedichte und Aphorismen schreibt und streng

Lou von Salomé, Paul Rée und Friedrich Nietzsche. Im Atelier Jules Bonnet, Luzern 1882

zu philosophieren liebt, im übrigen aber mehr durch große Erwartungen ausgezeichnet ist. Im Lebensrückblick erwähnt Lou Andreas-Salomé häufiger ihre eigene *Kalbrigkeit*[41] in der Studentenzeit. Sie kennt noch keine der Veröffentlichungen Nietzsches, sondern hat nur Rée von ihm erzählen hören.

Rée verliebt sich, wie wenig später auch Nietzsche, in Lou; beider Heiratsanträge weist sie ab. Rée wählt sie allerdings zu ihrem Mentor und Lebensgefährten für die nächsten fünf Jahre. Zwölf Jahre älter als Lou, erhält Rée die Rolle eines großen Bruders. Mit leichter Selbstironie schreibt Lou Andreas-Salomé später, daß es nicht einfach gewesen sei, dem liebevollen Rée ihr *für Lebenszeit abgeschlossenes Liebesleben bei gleichzeitig total entriegeltem Freiheitsdrang* zu erläutern. Ein Traum bestimmt die Gestaltung der nächsten Jahre. *Da erblickte ich nämlich eine angenehme Arbeitsstube voller Bücher und Blumen, flankiert von zwei Schlafstuben und, zwischen uns hin und her gehend, Arbeitskameraden, zu heiterem und ernstem Kreis geschlossen.*[42] Gelingt es, in intellektueller Gemeinsamkeit zu leben, die den Rahmen geschwisterlicher Sympathie nicht verläßt, dann droht für Lou auch keine Reduktion auf Nur-Frauliches. Die Mutter ist mit Lous Freiheitsdrang nicht einverstanden. Sie möchte die Tochter gern wieder in der alten Lebensordnung in St. Petersburg sehen. Lou faßt statt dessen den Plan eines Studiums zu dritt – Nietzsche wurde als dritter gewonnen. Gillot gegenüber, den Lou brieflich um Fürsprache bittet, rechtfertigt Lou ihren Plan. Sie erklärt, sie könne weder Vorbildern nachleben noch werde sie jemals ein Vorbild darstellen können, *hingegen mein eigenes Leben nach mir selber bilden, das werde ich ganz gewiß.* Gillots Einwand, er hätte Lous Hingabe an rein geistige Endziele immer nur als Übergang verstanden, stößt auf Protest. *Ja, was nennen Sie «Übergang»? Wenn dahinter andere Endziele stehen sollen, solche, für die man das Herrlichste und Schwersterrungene auf Erden aufgeben muß, nämlich die Freiheit, dann will ich immer im Übergang stecken bleiben, denn das geb ich nicht dran... Wir wollen doch sehen, ob nicht die allermeisten sogenannten «unübersteiglichen Schranken» die die Welt zieht, sich als harmlose Kreidestriche herausstellen!*[43]

Das Problem der Berechtigung, tradierte Verbindlichkeiten aufzuheben und das Leben selbst als Übergang zu bestimmen, hat Lou Andreas-Salomé immer wieder beschäftigt, besonders in ihrer Novellensammlung *Im Zwischenland* (1902). Ob sich Kindheit und Erwachsensein notwendig wie Zauber und Ernüchterung gegenüberstünden oder ob es noch Lebensformen gäbe, in denen sich die kindliche Welt der Verwandlung erhalten ließe, fragt Lou. Stimmt der Satz der Erwachsenen, wir seien doch alle nur arme Menschen? Lous Antwort heißt: In der Kunst läßt sich die kindliche Welt, in der alles mit allem vermittelbar bleibt und das Kleinscheinende von großer Bedeutung sein kann, erhalten. Nur der nichtkünstlerische Mensch ist ein armer Mensch.

Die erste Begegnung mit Nietzsche findet im Petersdom in Rom statt, *wo Paul Rée, in einem besonders günstig zum Licht stehenden Beichtstuhl, seinen Arbeitsnotizen mit Feuer und Frömmigkeit oblag. Nietzsches erste Begrüßung meiner waren die Worte: «Von welchen Sternen sind wir uns hier einander zugefallen?»*[44] Das wirkte recht feierlich.

Nietzsches Philosophie hatte sich 1882 bereits von Schopenhauers Metaphysik gelöst, auch hoffte Nietzsche nicht mehr auf eine Erneuerung der deutschen Kultur durch Wagners Kunst, seit er den Eindruck gewann, Wagner bewege sich mit dem «Parsifal» zurück zu Mystik und Christentum. 1879 hatte Nietzsche seine Professur in Basel aufgeben müssen, da ihn ein Augenleiden sowie anfallartig auftretende Kopf- und Magenschmerzen hinderten, seinen Pflichten ordnungsgemäß nachzukommen. Seitdem lebte er als Wanderer und suchte seinem Leiden durch häufigen Ortswechsel zu entkommen. 1878 erscheint «Menschliches, Allzumenschliches», ein Buch für freie Geister, 1881 «Morgenröthe» – Gedanken über die moralischen Vorurteile – und 1882 «Die fröhliche Wissenschaft». Selbst passioniert für die Unabhängigkeit, der er alles opfert, fordert er auch die freien Geister zur «Umkehrung gewohnter Wertschätzungen und geschätzter Gewohnheiten»[45] auf. Sie sollen das Perspektivische in jeder Wertschätzung begreifen lernen. Das Leben sieht Nietzsche «als bedingt durch das Perspektivische»[46]. Erwünscht ist ihm ein Leser, der seine Erlebnisse der «Fröhlichen Wissenschaft» nachempfinden kann.

Das Leben, wenige Jahre später ein Modebegriff[47], wird bei Nietzsche zum Prüfstein für den Wert philosophischer Gedanken und wissenschaftlicher Ergebnisse. Der Wandelbarkeit des Lebens werden die vernünftigen Lehrgebäude der Philosophie genausowenig gerecht wie die objektivierenden Verfahren der Wissenschaft. Dem Leben, insbesondere dem Seelenleben, liegt kein vernünftiger Bauplan zugrunde, der einfach rekonstruiert werden könnte. Die alte statische Welt, überwölbt mit ihren ewigen Gesetzen von Religion, Moral, Philosophie und Wissenschaft, muß aufgebrochen werden, um dem neuen Lebensgefühl des Menschen, der den Fixpunkt Gott verloren hat, Platz zu schaffen. Reizsamkeit, Erlebnis, Mitleben, Ausleben, «élan vital», Lebenswille und Lebenskraft sind Stichworte einer Richtung der Philosophie, die später die Bezeichnung Lebensphilosophie erhält. Das unmittelbare, intuitive Erfassen des vom lebendigen Menschen erlebten Lebens[48] machen sich die Dichter zur Aufgabe wie auch die Protagonisten der Lebensphilosophie zu Ende des vorigen Jahrhunderts: Nietzsche und Bergson. Henri Bergson fordert «flüssige Begriffe», welche fähig sind, der Wirklichkeit in all ihren Windungen zu folgen und die Bewegung des inneren Lebens der Dinge anzunehmen.[49] «Je mehr Affekte wir über eine Sache zu Wort kommen lassen, je mehr Augen, verschiedene Augen wir uns für dieselbe Sache einzusetzen wissen, um so vollständiger wird unser ‹Begriff› von dieser Sache, unsre Objektivität sein», betont Nietzsche.

Widersprüche in den Gedanken eines Philosophen, wie man sie Nietzsche häufig vorwirft, erhalten auf diesem Hintergrund eine andere Bedeutung als die eines zu vermeidenden Denkfehlers. Zum methodischen Vorgehen des perspektivischen Denkens gehört das Aufnehmen von Gegensätzen, die das Leben – ein letztlich nicht bestimmbares Ganzes – um-

Friedrich Nietzsche

fassen.[50] Karl Jaspers beschreibt die Wirkung der Philosophie Nietzsches auf den Leser, indem er betont, er werde aus jeder etwa ergriffenen Position, das heißt aus jeder Endlichkeit vertrieben; er werde in den Wirbel gebracht. An den äußersten Umkehrungen des Wirbels werde von Nietzsche wie auch vom Leser ein ständiges Überwinden verlangt.[51] Nietzsches Denken hat Lous Weltanschauung nachhaltig geprägt.

Ende April 1882 reist Lou mit der Mutter fort von Rom. In Mailand treffen sie wieder mit Rée und Nietzsche zusammen und begeben sich mit ihnen zu den oberitalienischen Seen. Auf dem Monte Sacro, oberhalb der kleinen Stadt Orta am Ortasee, sind Nietzsche und Lou das erste Mal ohne Begleitung. Nietzsche empfindet diesen Ausflug als «den entzückendsten Traum»[52] seines Lebens. In Luzern faßt Nietzsche Mut, sich

Uraufführung des «Parsifal» in Bayreuth, 26. Juli 1882

Lou selbst mit seiner Heiratsabsicht zu erklären; bis dahin hatte er Rée als Vermittler eingesetzt. Aber Lou schätzt Nietzsche als Lehrer und Philosophen, nicht als möglichen Ehemann. In Luzern kommt es auch zu dem merkwürdigen Foto mit Leiterwagen und Peitsche, das Nietzsche *in übermütiger Stimmung* [53] arrangierte. Lou folgt bald einer Einladung der Mutter Rées nach Stibbe bei Tütz in Hinterpommern, die bereit ist, Frau von Salomés Sorge für Lou zu übernehmen, unter welcher Bedingung Lous Mutter nun zustimmt, allein nach St. Petersburg zurückzukehren.

Auch Nietzsche lädt Lou ein. Er hofft immer noch, sie für sich gewinnen zu können. Nach Stibbe schreibt er, er suche jetzt Menschen, die seine Erben sein könnten. Und Lou stellt in Aussicht, ihm vorzulesen und für ihn zu schreiben. Ein Treffen wird ausgehandelt – ohne Rée. Lous Gesundheitszustand hatte sich dank Rées Fürsorglichkeit so sehr gebessert, daß sie Ende Juli zu den Bayreuther Festspielen fahren kann, um an der Uraufführung des «Parsifal» teilzunehmen. Auch Malwida von Meysenbug sieht sie dort wieder, die seit ihren Londoner Jahren mit Wagner und seiner zweiten Frau Cosima befreundet ist. Lou, die eigentlich keine Beziehung zur Musik hat, genießt die gesellige Seite des Ereignisses. In Leipzig trifft sie Nietzsches Schwester Elisabeth zur gemeinsamen Weiterreise nach Bayreuth. Elisabeth, von Kind auf Nietzsches Vertraute, wird immer wichtiger für den Bruder, je stärker sich dessen Krankheit zuspitzt. Sie wacht über ihn, besonders über die Wahl seiner Freunde, also auch über seine Zuneigung für diese junge Russin. Von Eifersucht getrieben, läßt sie ihren Bruder wissen, Lou habe vor Wagner und seinem Kreis über ihn gelacht. Lous freier, unkonventioneller Umgang mit Menschen, ihre Absicht, mit Nietzsche einige Wochen gemeinsam in Tautenburg in Thüringen zu verleben, entrüsten die fünfzehn Jahre ältere Elisabeth. Als Lou ihr gar erzählt, Nietzsche habe nach dem abgelehnten Heiratsantrag zu Rée gesagt, da sei wohl auch eine «wilde Ehe» nicht das Richtige, hat Elisabeth einen hysterischen Anfall mit Erbrechen.[54]

Nietzsche irritieren die Erzählungen der Schwester zunächst, aber Wanderungen und Gespräche mit Lou lassen ihn das bald vergessen. Lou wirkt auf ihn in der Tautenburger Zeit «scharfsinnig wie ein Adler und mutig wie ein Löwe und zuletzt doch [wie] ein sehr mädchenhaftes Kind, welches vielleicht nicht lange leben wird»[55]. Sie habe einen unglaublich sicheren Charakter und wisse selbst sehr genau, was sie wolle – ohne die Welt zu fragen und sich um die Welt zu bekümmern. Das bewundert Nietzsche; Lou erscheint ihm wie eine «Vision», er erlebt sie als sein «Ideal auf Erden»[56] und hält es für möglich, sie «Schritt für Schritt bis zur letzten Konsequenz» in seine Philosophie einzuführen. Seinerseits hofft er, von Lou wieder leben lernen zu können. Beide entdecken mit großer Freude immer wieder neu ihre tiefverwandten Naturen.[57] Lou geht es in Tautenburg in erster Linie darum, besser denken, philosophieren und schreiben zu lernen. Dem Professor Nietzsche hat die Studentin Lou ihre schriftlich fixierten Denkleistungen zur Begutachtung mitgebracht, darunter befinden sich einige Aphorismen, die Nietzsche korrigiert, und eine Abhandlung *über die Frau*. Nietzsche *findet den Stil abscheulich, sagt aber, schreiben lernen könnte ich in einem Tage, weil ich dazu vorbereitet wäre. Ich habe übergroßes Vertrauen zu seiner Lehrerkraft.*[58] In Briefen und in einem eigens für Rée geführten Tagebuch hält Lou ihre Gespräche mit Nietzsche unmittelbar fest. Ein Jahr später fügt sie ihre Aufzeichnungen in ihren ersten Roman ein. *Wir erleben es noch,* notiert sie, *daß er als*

Nietzsches Schwester Elisabeth

Verkünder einer neuen Religion auftritt und dann wird es eine solche sein, welche Helden zu ihren Jüngern wirbt.[59] Das fasziniert Lou, und doch hat sie bald nach der Tautenburger Zeit das Gefühl, sie müsse sich Nietzsches Einfluß entwinden, *um Klarheit zu finden*[60].

Elisabeth, die sich ebenfalls in Tautenburg aufhält, beobachtet neidvoll die Gemeinsamkeit zwischen ihrem Bruder und Lou, in die sie nicht einbezogen wurde. Nach Lous Abreise eröffnet sie eine regelrechte Kampagne mit dem Ziel, ihren Bruder gegen Lou einzunehmen. Sie setzt das Gerücht in Umlauf, Lou habe Nietzsche die Absicht auf eine «wilde Ehe» unterstellt. Das erbost Nietzsche so sehr, daß er zunächst mit Schwester und Mutter bricht, schließlich jedoch mit Lou. Seine Hochschätzung Lous verkehrt sich in ihr Gegenteil, als er glauben muß, sie habe ihn verleumdet.

Lous Wirkung auf Nietzsche zeigt uns ihre Persönlichkeit in zwei Bildern. Mit dem ersten Bild scheint ein Verfließen in Gemeinsamkeit verbunden zu sein. Eine – vielleicht – naive seelische Entblößung verlockt ihn. Für Augenblicke vermählt sich dieses Bid mit seinem Ideal und verführt ihn zu der Hoffnung, er habe Übermenschliches leibhaftig vor Augen: «...ich liebe auch in Ihnen meine Hoffnungen»[61], schreibt Nietzsche. Durch die Vertonung eines Gedichts von Lou, in welchem sie ihrer Liebe zum Rätselhaften, Schmerzvollen und Vernichtenden des Lebens Ausdruck verleiht, will Nietzsche ihre Gemeinsamkeit der Nachwelt übermitteln.[62] *Jahrtausende zu sein! zu denken! / Schließ mich in beide Arme ein: / Hast Du kein Glück mehr mir zu schenken – / Wohlan – noch hast Du Deine Pein*[63], lautet die Schlußstrophe.

Das andere Bild enthüllt sich Nietzsche nach Lous Abreise (26. August 1882). Besorgt fragt er, ob es Lou gelingen werde, ihre Selbständigkeit und Freiheit verantwortungsvoll an ein «großes Objekt» zu binden oder ob sie jenen «Drang nach einer heiligen Selbstsucht, welcher der Drang nach Gehorsam gegen das Höchste ist», mit seinem «Gegensatze der ausbeutenden Lust der Katze» verwechseln werde. Er macht sich Notizen über Lous «Bedürfnis nach Expansion», ihre «Unfähigkeit zur Liebe» und ihr «fehlendes Feingefühl für Nehmen und Geben».[64] Nietzsches Charakteristik macht auf eine innere Dramatik der Selbstgestaltung der Einundzwanzigjährigen aufmerksam, die sie sich selbst verbarg.

Das Studieren zu dritt läßt sich nicht realisieren; Nietzsche bricht auch mit Rée. Lou lebt in den folgenden Jahren mit Rée in Berlin. Obschon sie viel reisen, kommen sie gut mit ihrem Geld aus; *das betrug für mich 250 Mark monatlich, durch meiner Mutter Pension, und rühmlicherweise für Paul Rée ebensoviel, denn er legte das gleiche für sich in unseren gemeinsamen Beutel. Wo es schwer langte, da lernten wir sparen und wirtschaften – was heiter war und mir von Pauls Bruder Georg, dem Verwalter auch seines Vermögens, begeisterte Briefe eintrug, über den bescheiden gewordenen, nie mehr geldbedürftig bedrängenden Paul.*[65] Studieren erweist sich für Lou als die ideale Lebensform. Allerdings besucht sie nicht die Universität. Rée gelingt es, einen Kreis junger Geisteswissenschaftler, zum großen Teil Dozenten, um Lou zu versammeln. *Hier war das gesunde, klare Klima, auf das ich zustrebte.*[66] Die meisten Philosophen und Wissenschaftler ihres Kreises kennen Nietzsche und dessen Philosophie, aber ihr Hauptinteresse gehört der Wissenschaft. Viele Mitglieder dieses Kreises werden später bedeutende Vertreter ihres Fachs. Hermann Ebbinghaus, Privatdozent für Experimentalpsychologie, bestimmt für einige Zeit die naturwissenschaftliche Richtung der Hochschulpsychologie. Ferdinand Tönnies wird einer der Begründer der modernen Soziologie. Lou ist die einzige Frau unter ihnen. *Ich hatte den Spitznamen die Exzellenz, wie in meinem russischen Paß, wo ich nach russischer Sitte als einzige Tochter des Vaters Titel erbte.* Rée nannte man die *Ehrendame*[67].

Sentenzen von Lou, mit Nietzsches Verbesserungen

Gemeinsame Grundlage aller Diskussionen war die Einigkeit darüber, daß nur eine Trennung der *eigenen Aufgerührtheiten vom erkennenden Willen* – eine Aufspaltung also in Wissenschaft einerseits und Seelenleben als *Privatsache*[68] andererseits – legitim sei. Die Abwendung von Nietzsches Philosophie ist deutlich. *Während für Nietzsche sein Zuständliches, seine Tiefe der Not, zum Schmelzofen wurde, worin sich der Erkenntniswille einst zur Form ausglühte*[69], wählt Lou nun die Strenge des positivistischen Denkens. Sie setzt in dieser Zeit die wissenschaftliche Haltung gegen das Andrängen seelischer Probleme, die mit ihrer freien Form des Lebens verbunden sind. Immer wieder wird ihr Zusammenleben mit Rée als wilde Ehe mißdeutet.

Mit dem Schreiben ihres ersten Buches findet Lou eine weitere Form, ihre *eigenen Aufgerührtheiten* zu behandeln. Im literarischen Gestalten kann sie vermitteln, was sie sonst in Leben und Wissenschaft aufspalten muß. Der äußere Anlaß für ihr erstes Buch war, daß die Familie sie heimzuholen versuchte und daß der *Freundeskreis fand, ein Buch geschrieben zu haben, werde eine Auslandserlaubnis erwirken; tatsächlich erreichte es diesen Zweck...*[70]. Da der Name der Familie nicht hineingezogen werden sollte, wählte Lou ein Pseudonym. Sie verbindet den Vornamen Gillots mit ihrem eigenen: *Henri Lou.* Der Titel ihres ersten Romans lautet *Im Kampf um Gott.* Man kann ihn als Vorgestalt der späteren Erzählungen und Essays einschätzen. Alle Themen sind im Kern vorhanden: die Belebung der eigenen Kindheit, die Frage nach der psychologischen Bedeutung der Religion, die problematische Stellung der Frau, die Komplikationen der Liebe, die Trennung von der Familie, die Bedeutung des Künstlerischen. Grundfigur ist der Lebens- und Leidensweg des modernen Menschen, dessen Individuation und Selbstauslegung durch tradierte Religion und Moral keine Rahmung erfahren. In psychologisierender Selbstbetrachtung befragt der Mensch seine Erfahrungen hinsichtlich seiner Stellung in einer offenen Welt. Getrieben von einer maßlosen Neigung zur Selbstrealisierung, erkundet sich der Mensch besonders intensiv im Überschreiten von Grenzen. Treue, Altruismus, Standhaftigkeit, Familiensinn, Kontinuität, diese tradierten Werte imponieren allenfalls, nachdem sie gründlich verletzt wurden. Liebe, Kunst, Allgeborgenheit, Augenblickserfüllung erweisen sich als problematisch und führen notwendig zur Analyse seelischer Komplikationen.

Dieser allgemeine Komplex entfaltet sich in *Im Kampf um Gott* an Hand der Entwicklungsgeschichte eines Freigeistes. In Form eines Lebensrückblicks wird dem Leser das Leben des Helden vorgestellt. Kuno, der Sohn eines Pfarrers, wächst aus der geschlossenen Welt der Gottgebundenheit seiner Eltern heraus und wendet sich zunächst den Wissenschaften, dann der Erziehung freier Geister zu. In seiner Bindungslosigkeit ist er extremen Lebensformen ausgeliefert, lebt als Asket oder als Wüstling. Als ein Verworfener, vom Vater den Demütigungen Gottes anbefohlen, sucht Kuno nach seinem *wahren Selbst*, seinem *eigenen Höchsten.*[71] Drei Frauenschicksale erhalten ihre Gestalt auf dem Weg dieser Suche. Jane, die Vertraute seiner Kindheitsjahre, wächst heran zu einer tugendhaften Frau von natürlicher Weisheit. Sie drängt über den tradierten Wirkungskreis der Frau hinaus, ohne jedoch einen neuen zu finden. Nach der Loslösung von ihrem Mann, der sich ihrer fixen Idee, ihn als Ideal anbeten zu wollen, nicht einfügt – er wählt das Leben eines *alltäglichen Genußmen-*

schen[72] –, erliegt Jane Kunos Leidenschaft und stirbt bei der Geburt seines Kindes, nachdem Kuno sie längst verlassen hat. Mit Jane will Lou einen Menschentyp beschreiben, der die *große Tyrannei des Ideals* kennt, das den Menschen zum *Heroen* oder zum *gefallenen Engel*[73] machen kann. Zwischenformen wirken demgegenüber gänzlich unattraktiv.

Kunos erste Geliebte, Margherita, wird in ihrem Schwanken zwischen intellektuellem Werdegang und der Entfaltung *weiblicher Raffinesse* durch Kuno zum *gefallenen Mädchen.*[74] Sie repräsentiert einen Frauentypus, dessen Größe, Gefahr und Untergang *fast immer mit der Liebe verbunden ist*[75]. Unglücklich ist Margherita darüber, daß ihr *Leben der Zufall zusammengewürfelt, die Schwäche acczeptiert, die Eitelkeit und Torheit gestaltet hatten*[76]. Sie führt das leichte Leben des genießenden Menschen, verfehlt damit jedoch ihre Träume von etwas Eigenem und Höherem und wählt den Freitod. Mit Marie, von ihrem Vater Kuno *Märchen* genannt, wird das Schicksal der an den Vater gebundenen Tochter beschrieben. Kuno formt diesen *Wildling* mit seiner *ungestümen Gärung*, der ganz in der Natur lebt, zu einem Freigeist, setzt bei ihm schöpferisch-künstlerische Kräfte frei und erzieht ihn zu einem jungen Mädchen, das ganz *in geistiger Atmosphäre leben* will und *das Leben ebenfalls von einem höhern Standpunkt und im Geiste*[77] auffaßt. Kuno liebt Marie, so wie sie ihn liebt, zunächst kindlich, dann mit aller Leidenschaft und dem Wunsch, sich ihm zu vermählen. Aufgeklärt über ihr Kindschaftsverhältnis, stürzt sie sich in den Tod. Alle Gestalten des Romans erweisen sich als dem Leben nicht gewachsen. Auch Kunos Bruder Rudolf, der Marie ebenfalls liebte, wählt den Tod. Allein Kuno leitet aus seiner Geschichte des Scheiterns eine lebenserhaltende Ideologie ab, die des *Lebenskampfes* und des heroischen Ideals der Adelung des Menschen durch den Schmerz.

Die Geschichte, in der ein Liebesdesaster auf das andere folgt, wird flankiert von tiefsinnigen Gesprächen und Sentenzen einerseits, von melodramatischen Gedichten und einer Häufung von Gedankenstrichen bis zu drei Zeilen andererseits. Die Sentenzen sind der Sammlung entnommen, die Nietzsche in Tautenburg durchgesehen hatte. Manchen Sentenzen sind die Namen Jane oder Märchen zugeordnet.

Leidenschaften und Gefühlskomplexe der Story wirken erdacht und haben etwas Papierenes an sich. Zwar sprechen die Personen im Text davon, daß der entscheidende Punkt im Leben eines Menschen *in keiner Denkvermittlung* gefunden werden kann, sondern daß *ein Leben* dazugehört, das *mit autonomem Trotz dem Innersten* der Persönlichkeit wie ein *Kampfresultat*[78] entspringt – das Leben jedoch, wie es sich alltäglich vermittelt, kommt dem Roman nicht vor. Das Geschehen verbleibt im Allgemeinen und spielt sich nicht in einem geschichtlichen Zeitraum ab. Das psychologische Raisonnement des Romans entspricht wahrscheinlich Lous eigenen Gesprächsbeiträgen in ihrem Gelehrtenzirkel.

In Zürich, 1882

Im Kampf um Gott ist der erste Roman, der von Nietzsches neuer Philosophie ausgeht. Anders als in Strindbergs Roman «Am offenen Meer»[79] gelingt es jedoch nicht, Atmosphäre und Lebensgefühl im Sinne Nietzsches dadurch zu gestalten, daß das Geschehen in Handlungen und

Gebärden seinen Ausdruck findet. Lou läßt vielmehr die Figuren ihres Romans Texte sprechen, als hätten sie gerade Nietzsche gelesen. Das hört sich zum Beispiel so an: Die Pietät zu den alten Idealen würde *keinen Heroismus erzeugen wie ihn unsere Kinder als Freigeister auf religiösem Gebiet brauchen werden. Die Unfähigkeit, sich vom Ideal zu befreien, dessen Nichtigkeit wir theoretisch als intellektuellen Irrtum erkannt haben, die Unfähigkeit, die That des negierenden Verstandes zu einer aufopfernden Willensthat zu erheben...* [80], sei beklagenswert. Den Geist des jungen Menschen will man *mit allem Größten und Höchsten, das religiöse Geister geschaffen, erfüllen – nicht um sie den Konsequenzen des Denkens zu entziehen, sondern um über alle Spaltungen, alle Konflikte desselben hinaus, in starker Selbsteinigung und innerer Kraft wieder den großen, echten Charakter zu erzeugen* [81]. Lous erster Roman ist nach dem traditionellen Modell des psychologischen Romans gebaut. «Der psychologische Kommentar, die klugen Gedanken ersetzen die Folge der Bilder, welche wir heute als den natürlichen, unentbehrlichen Verlauf des Epischen empfinden, und statt an die Anschauung, adressieren sie sich immer nur an den Verstand; statt auf die Sinne, wirken sie immer bloß durch die graue Logik.» [82]

Nietzsche findet alles Formale an Lous «Halbroman» «mädchenhaft, weichlich und in Hinsicht auf die Prätension, daß ein alter Mann hier als erzählend gedacht werden soll, geradezu komisch. Aber die Sache selber hat ihren Ernst, auch ihre Höhe; und wenn es gewiß nicht das Ewig-Weibliche ist, was dieses Mädchen hinanzieht, so vielleicht das Ewig-Männliche.» [83]

Nietzsches langjähriger Freund, der Altphilologe Erwin Rohde, urteilt anders: «Bei allen großen Fehlern des Romans – seiner Leiblosigkeit und gespensterhaften Geistigkeit...zieht er doch sehr an durch die reine Flamme der Innigkeit... Aber eine schreckliche Melancholie ...geht von allen Blättern aus! Wirklich etwas, wie es in Nietzsches späteren Sachen sich regt, schauriger als der schwärzeste Pessimismus, ein unterdrücktes Weinen bei angenommener – als Heilung angenommener – Starkmütigkeit.» [84] Der Gedanke, der das Buch zusammenfaßt, findet sich in Lous Tautenburger Tagebuch: *Für uns Freidenker, welche nichts Heiliges mehr haben, was sie als religiös oder moralisch groß anbeten könnten, giebt es trotzdem noch Größe, welche uns zu Bewunderung, ja zu Ehrfurcht zwingt. Ich ahnte diese Größe an Nietzsche ... Es giebt keine Werthschätzung der Richtungen mehr, die der Mensch einschlägt, – aber es giebt eine Größe der Kraft.* [85]

Schreiben und Leben

‹Unterdrücktes Weinen› und ‹angenommene Starkmütigkeit› kennzeichnen Lous seelische Verfassung auch noch in der Zeit, als sie dem Orientalisten Dr. Friedrich Carl Andreas begegnet. 1886 lebt Lou, ohne Rée, in Berlin in derselben Pension, wo Andreas Persisch-Unterricht erteilt. Andreas ist der Sohn einer deutsch-malayischen Mutter und eines armenischen Vaters, eines Prinzen Bagratuni aus Isfahan. Bis zum Alter von sechs Jahren lebte Andreas in Batavia, die Schule besuchte er in Deutschland und in der Schweiz. 1868 beendete er sein Studium der klassischen und orientalischen Sprachen mit einer Dissertation über das mittelpersische Schrift- und Lautsystem. Zum archäologischen Vertreter bei einer Expedition nach Persien ernannt, blieb er sechs Jahre dort, erteilte Sprachunterricht, trat als Heilpraktiker auf und verdiente seinen Lebensunterhalt eine Zeitlang im persischen Postdienst. 1882 kehrte er als Reisebegleiter des Fürsten Ihtisam-ed-daule nach Deutschland zurück. 1887 heiratet er Lou von Salomé. Bis er nach Gründung des Orientalischen Seminars in Berlin eine Professur erhält, lebt er von mühseligem Privatunterricht. Infolge von Intrigen verliert er jedoch diese Stellung bald. Man wirft ihm vor, er widme sich zu stark der wissenschaftlichen Forschung.[86]

Andreas' unkonventioneller Lebensweg erinnert an das von Lou bislang nur romanhaft heraufbeschworene Leben. Die *Gewalt des Unwiderstehlichen* habe sich für sie in Andreas verkörpert. Der Übergang vom Roman zum Leben ist es, der Lou fasziniert. Später erinnert sie, wie ein Ereignis am Vorabend ihrer Verlobung geradezu den *Schein des Mörderischen* auf sie fallen ließ. Andreas trug damals für abendliche Heimgänge in seine *sehr entlegene Wohnung ein kurzes, schweres Taschenmesser bei sich. Es hatte auf dem Tische gelegen, an dem wir uns gegenübersaßen. Mit einer ruhigen Bewegung hatte er danach gegriffen und es sich in die Brust gestoßen... Während der Arzt den auf den Boden gesunkenen Bewußtlosen untersuchte, machten ein paar Silben und seine Miene mir seinen Verdacht deutlich, daß ich* (Lou) *das Messer gehandhabt haben mochte... Es war nicht das einzige Mal, wo wir vor dem Tode gestanden, mit dem Leben abgeschlossen und unsere Angelegenheiten den Nächsten gegenüber ordneten... voll der gleichen Ratlosigkeit und Verzweiflung.*[87]

Lou von Salomé und Friedrich Carl Andreas. Verlobungsbild, 1886

Mit der Heirat im Juni 1887 in Tempelhof bei Berlin nimmt Lous Lebensweg eine plötzliche Wendung. Sie versucht ihre Bindung an Gillot zu lösen, indem sie ihn zwingt, ihre Ehe mit Andreas in der Konfirmationskirche in Santpoort einzusegnen. Rée trennt sich von ihr. Die Ehe wird von Anfang an dadurch belastet, daß sich Lou Rée gegenüber schuldig fühlt. Während sie Rée wie einen Bruder liebt, gestaltet sich ihre Bezie-

№ 1. Berlin, den 29. Januar 1890. 1. Jahrgang

Freie Bühne
für
modernes Leben

Herausgegeben
Otto Brahm in Berlin

Verlag
S. Fischer in Berlin

Jeden Mittwoch erscheint ein Heft 1½—2 Bogen stark.

hung zu Andreas als Tochter-Vater-Verhältnis. Andreas nennt sie gelegentlich Töchting, und Lou nennt ihn häufig *Alterchen*. Formen der Erwachsenensexualität klammert Lou von Anfang an aus.[88] Über das Verhältnis von Nähe und Distanz, von Gebundensein und Für-sich-Sein hatte Lou bis zur Ehe frei disponieren können. Das scheint nun nicht mehr möglich. Die sichere Zuneigung Andreas' gibt Lou jedoch die Möglichkeit, selbst festzulegen, wie fern sie der geliebten Vaterfigur bleiben muß, um die Grenzen der kindlichen Liebe nicht zu überschreiten. In den Tagebucheintragungen dieser Zeit setzt sie sich mit dem Problem auseinander, worin eigentlich das *Vermählende* mit Andreas bestünde. Ihre Antwort lautet: Nicht im Sexuellen, sondern in einer *gemeinsamen Höhe*, in der sie beide *gipfeln wollen*.[89] Damit meint sie eine Art *Ideal*, das sie gemeinsam anbeten können.

Während der Zeit mit Paul Rée hatte Lou die Menschen ihres Umgangs im Kreis von Philosophen und Wissenschaftlern gefunden. Mit Andreas bewegt sie sich nun in einem neuen Kreis, dem der Künstler und Schriftsteller. Als Ende des Jahres 1889 die Kritiker und Journalisten Maximilian Harden und Theodor Wolff ihren Freunden Otto Brahm, Paul Schlenther, Julius und Heinrich Hart ihre Idee des Theatervereins «Freie Bühne» vorlegen und den Verleger S. Fischer für die Herausgabe der gleichnamigen Wochenschrift gewinnen[90], findet auch Lou Andreas-Salomé ein Forum für ihre literarische Auseinandersetzung mit den Fragen der Zeit. In Anlehnung an das «Théâtre libre», das André Antoine 1887 in Paris gegründet hatte, sollen nun auch in Berlin moderne Stücke ‹naturwahr› aufgeführt werden. Eine «Freie Bühne für den Entwicklungskampf der Zeit, für das moderne Leben» soll entstehen. Otto Brahm[91], der Herausgeber der ersten Hefte, schreibt, man werde sich von der alten Kunst distanzieren. Die Wirklichkeit des gegenwärtigen Daseins, Natur, Arbeit, Technik, Kunst und Gesellschaft sollen in den Blick gerückt werden. Die Autoren der «Freien Bühne» wollen die banalen und alltäglichen Ereignisse der seelischen und gesellschaftlichen Wirklichkeit beschreiben und analysieren. Damit folgen sie dem Vorbild von Balzac, Stendhal, Flaubert und den Brüdern Goncourt. Ihr Realismus wendet sich gegen den Idealismus, der die Welt nach klassischem Muster verfälschend stilisierte, und grenzt sich gegen den szientifisch orientierten Naturalismus ab, der in der Folge Taines und Zolas alles auf Milieu, Vererbung und Zeitgeist zu reduzieren suchte. Skeptisch stehen sie später auch der sozialistischen Ausprägung des Naturalismus gegenüber, obwohl sie sozialistisch gesinnt sind.

Das Berlin der Jahrhundertwende fasziniert jeden künstlerisch Ambitionierten, der wie die Brüder Hart aus der Provinz kommend mit dieser Weltstadt in die Moderne hineinwächst. Die rauchenden Fabrikschlote, das Dröhnen der Eisenbahnen, die Menschenmassen mit ihrer Herausforderung für den einzelnen, sich zu profilieren, der Reichtum und Nationalstolz der im Makart-Stil lebenden Bürger, die Armut des Proletariats, der aufkommende sozialdemokratische Zukunftsglaube, die rednerischen Größengebärden Kaiser Wilhelms II., all das ist beeindruckend. Die großartigen technischen Erfindungen mit ihrer Nutzung von Strom, Gas und Dampfkraft finden ihren Ausdruck nicht allein in wirtschaftlicher Expansion und Prosperität mit der zugehörigen Hochschätzung

Besuch im Eisenwalzwerk. Deckfarbenbild von Adolph von Menzel, 1900

‹preußischer› Tugenden, sondern sie vermitteln auch ein Grundgefühl der Kraft und des Gestalten-Könnens.

Als Protagonist der realistischen Weltanschauung und der mit ihr verbundenen künstlerischen Gestalt der Gesellschaftskritik gilt in den neunziger Jahren vorzüglich Henrik Ibsen. Indem er die Tiefenschichten der Menschen dieser Gesellschaft bloßlegt, stößt er auf Zusammenhänge, wie sie später durch die Psychoanalyse Sigmund Freuds systematisiert werden. Mit Ibsens Drama «Gespenster» beginnt die «Freie Bühne» im September 1889. Andreas liest seiner Frau aus Ibsens noch nicht ins Deutsche übertragenen Dramen vor. Wie in einem Spiegel findet sich Lou in ihren eigenen aktuellen Problemen abgebildet. Häufig wiederkehrendes Thema in Ibsens Dramen ist die Frage, wie eine Ehe aussehen müsse, die hinreichend Spielraum für ‹Selbstrealisierung› läßt. Während Andreas sich weiter in seine Sprachstudien vertieft, setzt sich Lou mit Henrik Ibsens Frauengestalten auseinander. Ihr Buch über Ibsen erscheint 1892 und trägt die Widmung *Meinem Mann*[91a]. *Die Arbeit wird etwas für sich, eine Sache begehrten und ernstlichen Alleinseins.*[92] Ab 1890 erscheinen ihre Beiträge in der «Freien Bühne», die ersten beiden über Ibsens «Wild-

Henrik Ibsen, 1896

Eleonora Duse als Hedda Gabler

ente». Das Schreiben wird zum Beruf, wodurch sie auch teilweise von der finanziellen Unterstützung ihrer Familie unabhängig wird. Andreas' Einkünfte aus seinem Sprachunterricht für Diplomaten und Kaufleute sind gering. In den ersten zwei Jahren leben sie in Andreas' kleiner Junggesellenwohnung in Tempelhof, dann können sie zu günstigen Bedingungen ein großes Haus mieten.

An den Frauengestalten der Dramen «Ein Puppenheim», «Gespenster», «Die Wildente», «Rosmersholm», «Die Frau vom Meere» und «Hedda Gabler» untersucht Lou die allgemeine Problematik der Formung und Kultivierung seelischer Möglichkeiten. Das Gegensatzpaar des

Wilden und des gesellschaftlich Geformten erinnert an Nietzsches Rede von dem sich an den Stäben des Kulturkäfigs wundreibenden Tier. Dazu passend versinnbildlicht Lou Andreas-Salomé das Problem der Kultivierung am Schicksal einer Wildente[93], die im Spannungsfeld zweier gleichermaßen berechtigter Forderungen lebt. Die eine Forderung hat zu tun mit Fessellosigkeit, Freiheit, Unbestimmtheit, Mutwilligkeit, Tatendrang, die andere mit Dressur, Künstlichem, Veredelung, Haustierdasein, Gebundenheit. Lous Sympathie gilt der Ungebundenheit. Als Glücksfall schätzt sie es ein, wenn es der Wildente im «Puppenheim» gelingt, *die große Spielstube einzutauschen für ein All*[94]. In «Gespenster» findet die Wildente eine Lösung, sobald sie sieht, *daß sie in einer Scheinwelt lebt und die wahre, die wirkliche Welt dort fern, hinter den blinden Scheiben liegen muß*[95]. Im Drama «Die Wildente» gelingt keine Lösung, die Wildente *stürzt mit zerbrochenen Flügeln zu Boden*[96]. In «Rosmersholm» hat es den Anschein, als habe sich ein *Haustiergewissen*[97], eine *Veredelung* eingestellt, doch letztlich gibt es *in dem furchtbaren Widerspruch zwischen wild und zahm, frei und ungebunden, Naturwelt und Bodenkammerwelt keine Lösung, keine Versöhnung*[98], der wilde Vogel stürzt sich zu Tode. In «Hedda Gabler» verfehlt er sowohl den *Blick für die weite Welt der Freiheit draußen, wie auch für die kleine Welt um ihn*[99]. Allein in «Die Frau vom Meere» scheint die *Versöhnung und Vermählung von zahm und wild* schließlich zu gelingen.[100]

Läßt man sich durch den heute ‹gefühlig› wirkenden Darstellungsstil nicht beirren, so kann man bewundern, wie Lou durch eine Zentrierung der Dramen um einen Kernkonflikt des Seelischen deren Vielfalt in eine Synopse bringt. Neben der Vermittlung gegenläufiger Tendenzen sieht Lou ein weiteres Problem der Selbstrealisierung in der Notwendigkeit, sich zu verwandeln. Die Ausgestaltung eines reichen Seelenlebens gelingt nicht ohne das Erleiden von Krisen. Seelisches Leiden schätzt Lou als produktiv ein.

Was es mit Verwandlung, Vermittlung von Gegensätzen und der Produktivität des Leidens auf sich hat, läßt sich an Ellida, der Frau vom Meere, aufzeigen. Die Wahl dieser Frauengestalt bietet sich an, da Lous Analyse sich streckenweise wie eine Selbstanalyse liest.

Eine starke Entwicklung des Vorstellungslebens auf Kosten der noch nicht geweckten Tatkraft charakterisiert Ellidas Seelenleben zu Beginn ihrer Ehe. *Sie begnügt sich damit, harrend am Strande zu stehen und sich über die rollenden Wogen hinauszuträumen, auf denen Gefahr und Schönheit gaukelt, und deren Tiefe so viel des Wundervollen und zugleich des Grauenvollen birgt.*[101] *Da tritt an Ellidas harrende Passivität die Liebe als ein Zwang heran, als ein dämonischer, jede freie Wahl ausschließender Willenszwang.*[102] Sie ist so sehr fasziniert vom Wilden und Dämonischen, daß es sie zu verschlingen droht. Deshalb flieht sie in das Sicherheit und Maß versprechende Familienleben mit Dr. Wangel. Aber sie kann das ebenmäßige Leben nicht genießen. Was sie äußerlich verlassen hat, kehrt in Phantasien und Träumen wieder und schlägt sie gänzlich in Bann. Das Stück, meint Lou, hätte auch *die Wiederkehr des Unbekannten*[103] heißen können. Kaum erfährt Ellida Sicherheit und liebende Fürsorge, fehlt ihr plötzlich die andere Seite. Eine Flucht vor dem faszinierend Unbekannten, Alles-Versprechenden – symbolisiert in einem Seefahrer, der zu Ellida zurückzukommen versprochen hatte, jedoch nicht kommt – setzt noch keine Verwandlung frei. So wie sich die schrankenlose Freiheit ohne formgebenden Halt in etwas Verschlingendes verkehrte, so verkehrt sich jetzt die Halt gewährende Form in eine deprimierende Enge. Ellida verspürt beide Züge, kann aber auf keinen verzichten. Sie geht zurück in ihr Erinnerungsleben. Zuspitzung und Krise sind unvermeidbar, solange es Ellida nicht gelingt, zur Selbstbesinnung zu kommen.

Aber Verwandlung läßt sich nicht in einem denkenden Diskurs erwirken. Lou stellt heraus, daß es eines erneuten Durchlebens der widerstrebenden Neigungen bedürfe.[104] Ähnliches hatte Lou selbst inszeniert, als sie den Gott ihrer Jugendjahre, Gillot, zwang, ihr Traupfarrer zu sein. Das war ein Versuch, sich vom Banne Gillots zu befreien und zugleich seinen Segen zu erhalten. Ganz im Sinne der Psychoanalyse, die sie später ausüben wird, betont Lou, daß Ibsen in der Wiederkehr des Fremden – der Seefahrer erscheint eines Tages, um Ellida zu holen – eine Bedingung für ihre Heilung und für ihre Loslösung von ihm sieht. Wangel muß verstehen, daß Ellidas Sehnen nach dem Meer und dem fremden Mann im Grunde Ausdruck ihres Sehnens nach Freiheit ist. Erst indem er ihr freistellt, ihre Wahl selbständig zu treffen, fällt die Binde der Wahnvorstellungen von ihren Augen. *Die Freiheit hört auf zu locken, weil sie nicht mehr aus der Ferne lockt; Ellida steht in der Freiheit.*[105] Die Ursache ihrer Probleme *lag in dem hypnotisch gebannten Fernblick in das Ungemessene...*[106]. Erst als Ellida erfährt, daß im Zusammenleben für sie eine wirkliche Aufgabe liegt, wird *ihre krankhafte Gedankenrichtung... plötzlich gehemmt und von einer ganz neuen Vorstellung durchkreuzt. Sie ahnt, daß der dämonische Zwang, der in das Unbestimmte und Grenzenlose hineinlockt, sich machtlos erweisen könnte an einem Willen, der sicher ruht in selbstgezogenen Schranken.*[107] *Freiwillig – und unter eigener Verantwortung heißt der Gedanke, den die Selbstbefreiung einer Nora einleitet und die Selbstbeschränkung einer Ellida vollendet.*[108]

Das bei Ibsen literarisch vorgebildete Problem gewinnt 1892 für Lou seine Aktualität in der Begegnung mit dem sozialistischen Politiker Georg Ledebour, der damals Redakteur der sozialdemokratischen «Berliner Volkszeitung» war.[109] Er gesteht Lou seine Liebe und will sie aus ihrer Ehe lösen, die er als Farce einschätzt. Lou liebt ihn, bittet Andreas um die Scheidung, beugt sich aber schließlich der Forderung ihres Mannes und trennt sich von Ledebour. Zwischen 1892 und 1894 steigert sich die Unlösbarkeit des Problems bis zu dem Gedanken, sich mit Andreas

Georg Ledebour

zusammen das Leben zu nehmen.[110] Nach außen hin bleibt Lou Andreas'
Gattin, innerlich löst sie sich jedoch von ihm, ihr Leben nun wieder in
eigener Regie entfaltend. Trotz der Tabuisierung des Sexuellen, trotz der
sich nun auch seelisch vergrößernden Distanz zu Andreas erhält sich eine
merkwürdige Form der Gebundenheit. Bei Andreas weiß Lou ihren Platz
in der Welt, gleichsam gesichert durch seine außerordentliche Entschie-
denheit. Wir müssen annehmen, daß immer die Frage im Spiel war, die sie
im Alter beunruhigt, ob das sie *Überwältigende* in Andreas' *Ausdruck*
vielleicht in *einer letzten Wahrheit* begründet war. Lou hat es nicht gewagt,
die Probe darauf mit ihrem Leben zu machen. Das mutet an, als hätte sie
ihre Beziehung zu Andreas – wie in der Kinderzeit das Knallbonbon – aus
Angst vor Enttäuschung lieber zu einem vielversprechenden Rätsel um-
geformt.

  Zu Anfang ihrer Ehe war Andreas sehr bemüht, Lou bei der Suche

52

Gerhart Hauptmann, um 1890

nach Veröffentlichungsmöglichkeiten für ihre Artikel zu helfen. So begleitet er sie beispielsweise zu Otto Brahm. Bald gehören sie zum Freundeskreis um Bruno Wille[111] und Wilhelm Bölsche[112], die sich vom Großstadtleben nach Friedrichshagen bei Berlin zurückzogen. Wille gründet 1890 die «Freie Volksbühne» mit der Absicht, den Arbeitern einen eigenen Zugang zur Kunst zu eröffnen. Die Aufführungen beginnen mit Ibsens «Stützen der Gesellschaft». Die Gesellschaftskritik des Naturalismus war besonders geeignet, das Interesse der Arbeiter wachzuhalten. Neben dem schwedischen Gesellschaftskritiker August Strindberg, der 1892/93 in Berlin lebt, gehört auch Gerhart Hauptmann zum Friedrichshagener Kreis. Hauptmann sucht eine Zeitlang den freundschaftlichen Umgang mit Lou ganz besonders.[113] Sein aufsehenerregendes Stück «Vor Sonnenaufgang» wird 1889 von der «Freien Bühne» im Lessing-Theater uraufgeführt. Das wilhelminische Bürgertum, welches das Theater immer noch

Zeichnung von Wilhelm Müller-Schönefeld zu Wilhelm Bölsches «Liebesleben in der Natur»

auf die Aufgabe der Idealisierung menschlicher Verhältnisse verpflichten will, entrüstet sich über die auf die Bühne gebrachten ‹Banalitäten› des Alltags.

Bölsche wendet sich nach anfänglichem Glauben an die Erlösung der Welt durch die riesenhafte soziale Tat und die Wirkungen der Naturwissenschaft schon bald einer eher symbolistischen Auffassung des Lebens zu. Auch Max Halbe, welcher 1893 mit seinem Liebesdrama «Jugend» einen großen Theatererfolg hat, sowie den norwegischen Schriftsteller Arne Garborg und dessen Frau Hulda lernt Lou kennen. Die Garborgs hatten Lous ersten Roman gelesen und teilen ihr Interesse an Fragen der Religion. 1891 hatte Lou eine Aufsatzfolge zum Thema *Der Realismus in der Religion* in der «Freien Bühne» veröffentlicht. Arne Garborgs 1893 erschienenes Werk «Müde Seelen» befaßte sich ebenfalls mit der religiösen Problematik.

Der Naturalismus in allen seinen Varianten ist nicht nur eine Kunstrichtung, sondern eine alle Lebensbereiche betreffende Weltanschauung. Das genaue Betrachten, Dokumentieren und Zergliedern der wirklichen Begebenheiten führt zu Umwälzungen in der Kunst, in den Wissenschaften, in der Philosophie und in der Politik. Man wandte sich Dichtern wie Ibsen, Tolstoj und Dostojewskij zu, da sie viele Gedanken der damaligen

54

literarischen Kultur bereits vorweggenommen hatten. Ibsen fragt herausfordernd, wie vieles wir zu konservieren verpflichtet seien. Tolstoj macht sichtbar, daß die ganze Gegenwartskultur nichts tauge. Dostojewskij gilt die Gegenwart als krank, morsch und zum Tode reif. Als Realist sieht er seine Aufgabe darin, «alle Tiefen der menschlichen Seele» zu schildern.[114] Ibsen wählt eine psychologische Betrachtungsweise, die von Kierkegaard herkommt. «Selbst», «Selbstrealisierung», «Wahl», «existentielle Stellungnahme», «Wirklichkeit und Möglichkeit», «Freiheit und Notwendigkeit», «Endlichkeit und Unendlichkeit», «Zeitlichkeit und Ewigkeit» – das Dilemma der Gegensätzlichkeit, der Begriff der «Angst»[115] –, das werden für Jahrzehnte die bewegenden Themen sein, im Leben wie in der Literatur.

Das Dilemma der Gegensätzlichkeit war bereits Thema von Lous erstem Roman, es hat eine zentrale Stellung in ihrer Ibsen-Interpretation und rückt nun als Problem in den Mittelpunkt ihrer Nietzsche-Interpretation. Lous besondere Stellung in der Gruppe der «Freien Bühne» war darin begründet, daß sie mit der russischen Literatur – als Russin – vertraut war, daß sie Ibsens Dramen kannte, bevor sie auf den deutschen Bühnen immer wieder aufgeführt wurden, und schließlich darin, daß sie Nietzsche persönlich begegnet war.

Der Weberzug. Radierung von Käthe Kollwitz, 1897, angeregt von Gerhart Hauptmanns Drama «Die Weber»

In den Januartagen des Jahres 1889 hatte Nietzsche einen geistigen Zusammenbruch erlitten, von welchem er sich nicht mehr erholte. Bis zu seinem Tod im August 1900 lebt er in geistiger Umnachtung bei seiner Schwester in Weimar. Seinen weltweiten Ruhm hat er nicht mehr bewußt wahrnehmen können.[116] 1894 erscheint Lou Andreas-Salomés Buch *Friedrich Nietzsche in seinen Werken*, eine Überarbeitung des schon um 1882 entstandenen Entwurfs der ersten beiden Teile – *Sein Wesen, Seine Wandlungen* – mit einem neuen dritten Teil, *Das System Nietzsche*. Elisabeth Förster-Nietzsche ist erbost wegen der Veröffentlichung privater Briefe Nietzsches an Lou und sieht das Buch als «Racheakt einer verschmähten Frau»[117]. Heinrich Romundt, wie auch Erwin Rohde und Franz Overbeck, Nietzsches und Rées Freunde, stimmen dagegen Lous Gedanken zu. Erwin Rohde behauptet sogar, besser Empfundenes und Aufgefaßtes sei nie über Nietzsche geschrieben worden, man könne, wenn man die Schriften Nietzsches nicht kenne, sich einen besseren Überblick von überschauender Höhe kaum wünschen.[118] Konnte man bei Lous Ibsen-Buch noch den Eindruck haben, Lou schreibe mehr aus persönlicher Betroffenheit und bemühe sich um literarische Wendungen, so weist sie in ihrem Nietzsche-Buch nach, wie berechtigt das Lob ihres intellektuellen Könnens ist. Sie untersucht eine klar formulierte Frage, wählt ein bestimmtes methodisches Vorgehen und zeichnet ein differenziertes Bild von Werk und Autor. In kritischer Kleinarbeit befaßt sie sich mit dem Werk des Mannes, der neben Darwin, Marx und Freud besondere Wirkung auf unser Jahrhundert hat. Nach Georg Brandes' Nietzsche-Essay «Abhandlungen über aristokratischen Radikalismus» von 1888 legt Lou zu Nietzsches 50. Geburtstag die erste Gesamtdarstellung in Deutschland vor.

Dem Ausruf Nietzsches: «Mihi ipsi scripsi!»[119] folgend, nimmt Lou Andreas-Salomé Nietzsches Werk als Ausdruck seiner Persönlichkeit. Werk und *Grundzüge seiner geistigen Individualität* in einen Austausch zu bringen wird zum methodischen Mittel ihrer Interpretation. *Die Summe von Monologen, aus denen im Wesentlichen seine vielbändigen Aphorismensammlungen bestehen, bilden ein einziges großes Memoirenwerk, dem sein Geistesbild zu Grunde liegt.* Man würde Lous Leistung nicht gerecht, wollte man ihr unterstellen, sie nehme Nietzsches Philosophie nur als Material für die Darstellung eines «Falles» mit seinen subjektiven Empfindlichkeiten. Mit Nietzsche rückt sie vielmehr die Grundsituation des Intellektuellen an einer Zeitenwende der Kultur in den Blick. In Nietzsches Erleiden und Aufspüren des Zerberstens alter Ordnungen zeigt sie das Problemspektrum der Moderne.[120] Indem sie Nietzsches persönliche Lösungsformen charakterisiert, arbeitet sie dem modernen Menschen grundsätzlich zur Wahl stehende Bewältigungsmöglichkeiten heraus.

Lou gliedert Nietzsches Gedanken in drei Phasen. Auf eine Frühphase der Begeisterung für die *Metaphysik der Wagner-Schopenhauerischen*

Ästhetik folge eine Zeit des *positivistischen Freigeisterthums*, bis es schließlich zum *Mysterium einer ungeheuren Selbst-Apotheose* komme.[121] In der dritten Phase greife Nietzsche auf die Denkfigur der ersten Phase zurück, die des übermenschlichen Genies, nun jedoch mit einer ganz anderen Wucht, da Nietzsche in der Schlußphase die Errungenschaften des *erfahrungswissenschaftlichen* Weges aufs Heftigste umwerte. Die drei Phasen sieht sie verbunden durch das Grundproblem, welches Nietzsches Leben, Denken und Schreiben bestimmte: *Seine ganze Entwicklung ging gewissermaßen davon aus, daß er den Glauben verlor, also von der ‹Emotion über den Tod Gottes› ... Die Möglichkeit, einen Ersatz ‹für den verlorenen Gott› in den verschiedensten Formen der Selbstvergottung zu finden, das ist die Geschichte seines Geistes, seiner Werke, seiner Erkrankung. Es ist die Geschichte des ‹religiösen Nachtriebes im Denker›.*[122] Lou fragt nach den seelischen Problemen, die mit der Erfindung des Gottes eine Lösung erhielten und welche naturgemäß wieder aufbrechen, wenn Gott tot ist.

Nietzsche geht davon aus, daß das Seelische durch eine Vielheit unverbundener Einzeltriebe bewegt und beunruhigt werde. Da Gott tot ist, erfährt sich der Mensch nicht mehr der übergreifenden Ordnung der Schöpfung eingefügt. Nichts nimmt ihm die Not und Risiken der Selbstgestaltung ab. Was gut oder böse, was Maß und Grenze sind, alles muß er selbst erfinden, begründen und ertragen.

Anders als der handelnde Mensch, sagt Nietzsche, suche der erkennende nicht den festen Zusammenschluß seiner Triebe, der sie schütze und erhielte, sondern er lasse sie so weit wie möglich auseinanderlaufen. So hat er die Seele, «welche die längste Leiter hat und am tiefsten hinunter kann ... die umfänglichste Seele, welche am weitesten in sich laufen und irren und schweifen kann» [123]. Eine Lust entspringe nach Nietzsche daraus, daß der Erkennende sein Leben nunmehr als ein «Experiment des Erkennenden» führe. [124] So bildet sich mit der Erfahrung, daß Gott tot ist, ein «Alles begehrendes Selbst, welches durch viele Individuen wie durch seine Augen sehen und wie mit seinen Händen greifen möchte, – ein auch die ganze Vergangenheit noch zurückholendes Selbst, welches nichts verlieren will, was ihm überhaupt gehören könnte» [125]. Einen ungehemmten Drang zur Selbsterweiterung und -vervielfältigung sieht Lou darin und behauptet, dieser habe bei Nietzsche dazu geführt, sich selbst und alles zu vertauschen und gleichzusetzen. Nietzsches Experimentiergang entspreche einer Leidens- und Genesungsgeschichte zugleich. Nietzsches Philosophieren verstehen heißt für Lou Andreas-Salomé den Ursprung der paradoxen Einheit von Selbstverletzung und Selbstheilung auffinden. *Indem nämlich die Vielheit unverbundener Einzeltriebe sich in zwei einander gleichsam gegenüber stehende Wesenheiten zerspaltet, von denen die Eine herrscht, die Andere dient, – wird es dem Menschen ermöglicht, zu sich selber nicht nur wie zu einem anderen, sondern auch wie zu einem höhern Wesen zu empfinden... In den Erschütterungen seines Geistes, in denen er das heroische Ideal eigener Preisgebung und Hingebung zu verwirklichen wähnt, bringt er an sich selbst einen religiösen Affect zum Ausbruch.* [126] Da Gott eine Schöpfung des Menschen ist, in der ein Grundgefühl entäußert und erhöht wird, um sich unter ihm geborgen zu wissen, muß Nietzsche, der den Gott nicht entbinden kann, diesen Part mit übernehmen. *Die Art, wie er sich zu dieser Zweiheit stellte, wie er sich gegen sie zur Wehre setzte oder ihr nachgab, und worin er sie jedesmal suchte, – das alles bedingt den Wandel seiner Erkenntnis, sowie die Eigenart seiner verschiedenen Geistesperioden.* [127]

In Anlehnung an Nietzsches Psychologie und in der Auseinandersetzung mit ihr schärft sich das eigene psychologische Verstehen und Interpretieren der Lou Andreas-Salomé. Das *Geschwistergehirn* [128], das Seelenverwandte zwischen Biograph und in Frage stehendem Autor, ihre gemeinsamen Grunderfahrungen wirken wie ein Katalysator. Es gilt für Lou, was sie über Nietzsche sagt, auch sie bringt sich in ihrem Werk zum Ausdruck. Im Medium eines anderen, Nietzsche, behandelt sie allgemeine Probleme des Seelischen – also auch ihrer selbst. Es muß faszinierend für sie gewesen sein, am Umbruch von Nietzsches Philosophieren zu beobachten, was geschieht, wenn die Unterdrückung der Affekte so weit getrieben wird. Für Nietzsche trenne sich in der letzten Phase alles in zwei unversöhnliche Gegensätze: Auf der einen Seite stehe der bis auf die Spitze getriebene Intellektualismus, dem er sich bis dahin hingegeben und durch den er alles Leben dem Denken, alles Gemüt dem Verstande untertan machen wollte – auf der anderen Seite eine ebenfalls auf das Höchste gesteigerte Gefühlsexaltation, die sich für ihre lange Unterdrückung räche und in ihrem Lebensüberschwang sich nur genug tun könne in einem fanatischen *«das Leben ist alles»* [129].

Ausführlich beschäftigt sich Lou Andreas-Salomé mit Nietzsches Kulturtheorie. Erste Anfänge des Niedergangs ungebrochenen Lebens finden sich nach Nietzsche schon im Entstehen aller Kultur – wo sich die «wilde Bestie Mensch» durch den ersten sozialen Zwang in ihrer ungezügelten Freiheit beengt fühle.[130] Das entspricht ganz den Fragen, die Lou an Ibsens Dramen verfolgt hatte. Individuation steht in einem gespannten Verhältnis zum freien Verströmen, zum Unhistorischen, Unbewußten, Triebhaften, Instinktiven, und doch kann das eine ohne das andere nicht existieren. Es fällt auf, daß Lou Andreas-Salomé gerade die Passagen aus Nietzsches Werk zitiert, die sich wie eine Vorwegnahme psychoanalytischen Gedankengutes lesen. Wenn sie später über den Narzißmus schreibt, kehren Nietzsches Denkfiguren wieder.

Sobald sich das Verströmen einer Begrenzung ausgesetzt sieht, muß sich nach Nietzsche alles Instinktive, das sich nach außen nicht mehr entladen kann, nach innen wenden – «dies ist das, was ich die Verinnerlichung des Menschen nenne: damit wächst erst das an den Menschen heran, was man später seine ‹Seele› nennt» [131]. Diese Bildungsgeschichte des Seelischen ist gleich-ursprünglich mit seiner Krankengeschichte. Der Mensch ist das krankhafteste – «das noch nicht festgestellte Thier» [132]. Nur dem schaffenden Genie könne es gelingen, die auf den ersten Seelenzustand folgenden dekadenten Haltungen von Sklavenmoral und Ressentiment zu überschreiten und zu der vorseelischen Verfassung zurückkehren. *Vom Denken überhaupt sagt Nietzsche, es sei viel weniger ein Entdecken, als ein Wiedererkennen, Wiedererinnern, eine Rück- und Heimkehr in einen fernen uralten Gesammt-Haushalt der Seele, aus dem jene Begriffe einstmals herausgewachsen sind.* [133] Der Weg durch Nietzsches Psychologie führt Lou Andreas-Salomé zu einem Bild vom Seelischen, das von den tradierten akademischen Zerlegungen abweicht. Zwar spricht auch Nietzsche von Trieben, aber deren Stellenwert verstehen wir nur, wenn wir sie mit den Übergangsproblemen verbunden sehen. Möglichkeiten und Grenzen des Seelischen entdecken sich, sehen wir sie als Gestaltung des Übergangs zwischen einer Totalität des Alles-Möglichen und der Wiedererrichtung dieser Totalität in endlich-geschichtlichen Formen. Mit dieser Umwandlung sind Brüche, Differenzierungen, Abweichungen, Grenzen und Verfehlen verbunden. ‹Das Leben ist alles› blieb in Nietzsches Leben eine Denkfigur. Lou reist nach Fertigstellung ihres Nietzsche-Buches nach Paris und will herausfinden, ob diese Denkfigur auch für die Gestaltung des Lebens taugt.

Ausfahrt und Heimkehr

Das Reisen hatte sich bereits als Methode der Distanzierung von Gillot bewährt, nun geht es Lou um eine Distanzierung von Andreas. Zu ihm wird sie allerdings immer wieder zurückkehren. 1894, im Jahr der Gründung des «Bundes deutscher Frauenvereine» zur Förderung der Gleichberechtigung der Frau, fährt sie nach Paris. Dort findet sie die intellektuelle Atmosphäre Berlins in gesteigerter Form. Auch in Paris werden Stücke von Ibsen, Strindberg und Hauptmann inszeniert. Man trifft sich in den Cafés und Nachtlokalen im Quartier Latin oder auf dem Montmartre. Neben den künstlerischen Zusammenkünften, Theater- und Louvre-Besuchen fasziniert es Lou, die freien Lebensformen der anderen, besonders der Grisettchen, zu beobachten und bis zur Täuschung zu kopieren. So verbringt sie mit Wedekind, den sie gerade erst bei der Gräfin Nemethy traf, eine Nacht mit der unvermeidlichen Zwiebelsuppe im Morgengrauen gegenüber Les Halles.[134] Auf Wedekind muß das gewirkt haben, als ließe sich daraus ein Liebesabenteuer machen. Vier Jahre später greift Lou Andreas-Salomé die Begegnung in der Erzählung *Fenitschka* auf. Wedekind, wie manch anderer, merkt nicht, daß sprachliche und körperliche Intimität für Lou Andreas-Salomé zwei ganz verschiedene Sachen sind. Am nächsten Tag hat sich Wedekind in aller Form für seinen Verführungsversuch entschuldigt. In derselben Arglosigkeit verläßt Lou Paris mit dem russischen Arzt Ssawély zu mehrwöchigem Aufenthalt in den Schweizer Bergen[135], lebt mit ihm in einer einfachen Hütte, arbeitet an einem Drama, das nicht erhalten blieb, und kommt wohlerhalten und braungebrannt, was damals nicht in Mode war, wieder nach Paris zurück.

Offenbar gelingt ihr der Anschluß an Lebensgefühl und Haltung vor ihrer Ehe. Mit spielerischem Können läßt sie das ganze Ehedrama gleichsam in Berlin zurück und gibt sich frei. Und doch begleitet sie seit früher Kinderzeit ein Grundgefühl, das bei geringfügigem Anlaß in den Vordergrund rücken kann. Barfuß über die Almwiesen wandernd, gerät sie mit Ssawély in ein Dornengestrüpp von Kriechbrombeeren hinein. Wie ein Blitz aus heiterem Himmel durchzuckt sie *eine uralte Vorstellung, wie eine Vorstellung von veränderter Welttotalität, als hätte ich dies doch bereits erfahren, daß man dem Leben grausig preisgegeben, aus Urwonnen stürze. Ein plötzlich wieder gewußter Augenblick.*[136] Jeder Schritt wie jedes Ste-

Frank Wedekind

henbleiben schmerzte bis zu Tränen. Diese plötzliche Erfahrung des Bodenlosen, daß Geborgenheit in Vereinsamung sich verkehren kann, daß im Heimlichen etwas Unheimliches anklingt, war in ihrer Kinderzeit mit dem Gottesverlust verbunden. Ähnliches hatte sie erlitten, als Gillot allzumenschliche Wünsche äußerte. Das unvermittelte Verschwinden Paul Rées aus ihrem Leben gehört ebenso in diese Reihe wie die bestürzende Erfahrung des plötzlichen Verheiratetseins und der Verdrehung des hochidealisierten Bundes mit Andreas in Richtung eines Melodrams.

Festlegungen sind riskant, lautet die Lehre ihres bisherigen Lebens, es gibt nichts Verläßliches; was eine Zeitlang gilt, kann sich gegen das eigene Wollen entziehen und in sein Gegenteil verkehren. Lous neue Lebensform gestaltet sich nach der Methode des Aufspaltens von Lebensbereichen, mit zugehörigem Wechseln-Können von einem Bereich in den andern. So muß sie scheinbar nicht in der Position dessen verharren, der den Umschwung zu erleiden hat. Sie kann ihn selber herstellen.

In Paris lernt sie viele Schriftsteller von Rang kennen. Sie genießt die

Erweiterung ihres Lebens. Einmal verkleidet sie sich sogar als Blumen-händlerin und verkauft auf der Straße Rosen. Wieder kann sie in eine Vielfalt von Rollen schlüpfen. Etwas bedenklich mag ihr die wiederge-wonnene, wiedergenommene Freiheit schon gewesen sein, wenn sie rück-blickend schreibt: *Ein ganz winziger Genosse begleitete mich überall hin: ein pechschwarzes Pudelchen... Wenn ich in später Nacht in mein Zimmer heimkehrte, erhob es sich... und schaute mich mit durchdringendem Miß-trauen daraufhin an, wo ich mich derweile ohne es umgetrieben.*[137]

Die kindlichen Verwandlungsspiele lassen sich in abgeänderter Form wieder aufgreifen. Nachdem es gelungen ist, Schnecke und Haus in einem zu werden, so daß sie – anders als in der Kinderzeit und anders noch als in der Zeit mit Rée[138] – auf niemanden wirklich angewiesen wäre, kann sie jetzt einer Vielfalt von Tätigkeiten nachgehen. Das frühe Phantasieren hat sich in Schreiben umgewandelt. Sie ist die Frau eines Professors und eine in Intellektuellenkreisen geschätzte Mitarbeiterin und Gesprächs-partnerin. Sie kann unvermittelt auf- und untertauchen, in der Gemein-samkeit mit anderen eine Zeitlang verweilen, um dann wieder für sich zu bleiben. In der Vielfalt ihrer Betätigungen formt sich ein Grundmuster ihres Lebens aus, das sich schon sehr früh andeutete. Man könnte es miß-verstehen als ein Schwanken im Unentschiedenen. In Wirklichkeit geht es jedoch um den Versuch, wiederzubeleben, was sich in der kindlichen Einheit der Verwandlungen als Lous große Sehnsucht abzeichnete: viele Rollen zugleich verwirklichen zu können. Immer begleitet sie *die Furcht*

Paris, um 1900

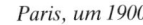

vor dem Verlust an Selbstverwandlung[139]. Lous Spiel mit Nähe und Ferne sprengt das Bild der Frau als Partnerin für das andere Geschlecht. Die Frau wird vielmehr zur Repräsentantin einer Auffassung von Wirklichkeit, in der sich Verwandlung nicht zugunsten von Domestikation in feste Bahnen lenken läßt. Paris wird der Ort, an dem dieses Bild für Lou deutlicher wird als in den ersten Jahren der Ehe.

Paris ist um die Jahrhundertwende, mehr noch als Berlin, Wien oder München, der Treffpunkt europäischer Künstler, Schriftsteller und Kritiker. Sie leben in sogenannten Künstlerkolonien. Lou bewegt sich mit der gleichen Selbstverständlichkeit in der russischen Künstlerkolonie wie in der skandinavischen oder der deutschen. Den norwegischen Dichter Knut Hamsun, der sein literarisches Programm in spektakulären Vorträgen über Psychologie und Dichtung formulierte und in seinem Roman «Hunger» (1890) nachwies, daß «unsere inneren Territorien Schauplatz höchst seltsamer Bewegungen»[140] sind, macht Lou mit seinem deutschen Verleger Albert Langen bekannt. Sie lernt den dänischen Journalisten und Dichter Herman Bang kennen, welcher sich ähnlich wie Hamsun bereits theoretisch mit Realismus und Naturalismus auseinandergesetzt hatte.[141] Eine Zeitlang wohnt sie mit Therese Krüger zusammen, die Teile des Nietzsche-Buches ins Dänische übertragen wird.[142] Aus dem Berliner Kreis trifft sie Wilhelm Bölsche und Otto Erich Hartleben. Wieder sieht alles so aus, als hätte sie bleiben mögen und können – *aber irgendwann kommt die Stunde, da etwas oder jemand mir, in irgendeiner Nacht, zuzuwinken scheint – und ich fort muß*[143]. Lou schützt sich auf diese Weise genauso davor, sich im All-Möglichen zu verlieren, wie davor, erneut auf etwas Umgrenztes zu setzen. Ein Brief aus der Zeit vermittelt, daß diese Art des Umschwungs für Lou lustvoll war. *Mir selbst und allen unerwartet, heimlich und ohne Lebewohl, bin ich von Paris ausgerückt. Und so unangemeldet bin ich auch angekommen, ebenso tief in der Nacht.*[144] Wie ließe sich noch deutlicher demonstrieren, daß niemand über sie verfügen kann. Verlassen und Rückkehr kann sie gleichermaßen genießen, solange beides in ihrem Belieben liegt. Gemeinsamkeit und Einsamkeit liegen für sie wie Ein- und Ausatmen nahe beieinander. Zurück in Berlin hatte sie Andreas schon von weitem beim Lampenschein sehen können, ihr Hündchen begrüßt sie stürmisch; *in dieser Nacht zu Hause gingen wir nicht schlafen*[145]. Das hört sich nach wiedergefundener Gemeinsamkeit an, und doch schleicht sie, als der Morgen graut, allein in den Wald, zieht Schuhe und Strümpfe aus und wird *sehr froh* – wie ein Kind, das sich nicht einfangen läßt.

Mit zwei Frauen war Lou enger befreundet. Mit Frieda von Bülow, der sie schon 1892 in Berlin begegnete und mit der sie auch in Paris oft zusammen ist, reist sie nach St. Petersburg, nach Paris, Wien und München. Frieda ist eine selbständige Frau, *von Natur her zu Schwermut, trotz einem männlichen starken Willen und Lebenstrieb, neigend*. Ihr Buch «Im

Frieda von Bülow

Lande der Verheißung» schildert die kolonialen Verhältnisse, wie sie sie erfahren hatte, als sie die Plantage ihres Bruders nach dessen Tod verwaltete. Mit ihr lebt Lou in fruchtbaren Debatten. In München lernt Lou 1897 Helene von Klot-Heydenfeld (später Klingenberg) kennen. *Mit Helene verband mich sicherlich irgendeine verborgen-tiefe Verwandtschaft, was zwar nicht hinderte, daß ich ebenfalls ganz andern Weges schritt als sie: es machte uns nichts, weil diese liebesstarke Natur mich restlos tolerierte, wie ich war.* Sie hatte *ein gutes Buch, «Eine Frau», geschrieben,* widmete ihr Leben im übrigen ganz dem Frau- und Muttersein.[146] Lou umgibt sich gewissermaßen mit den Repräsentanten zweier Möglichkeiten ihrer selbst.

Helene von Klot-Heydenfeld

Ende April 1895 kommen Lou und Frieda von Bülow für mehrere Monate nach Wien. Lou hat gerade ihre Erzählung *Ruth* abgeschlossen, ihren zweiten literarischen Versuch, zehn Jahre nach *Mein Kampf um Gott*. Man kennt sie nun durch ihre Rezensionen, Essays und Kritiken und die Bücher über Ibsen und Nietzsche. Die Wiener Atmosphäre gefällt Lou, besonders das entkrampfte Zusammengehen des Erotischen mit dem Geistigen. Ein leichtes, spielerisches Element charakterisiert Liebe wie beruflichen Ehrgeiz. Wie in Paris die Grisettchen fallen ihr in Wien die bloß «süßen Mädel»[147] auf, mit denen die Dichter verkehren. Fritz Mauthner, der zu den Mitbegründern der «Freien Bühne» gehört, macht sie mit Marie von Ebner-Eschenbach bekannt. In einer schwärmerischen Würdigung hebt Lou besonders hervor, daß es jener gelungen sei, als Schriftstellerin nicht ihre weiblichen Züge zu verlieren. Lou Andreas-

Salomé erhält später von ihr Dankesbriefe, mit kurzer Kritik der Werke, welche Lou ihr zugesandt hatte.[148]

Das Zusammensein mit den neuen Freunden Hugo von Hofmannsthal, Arthur Schnitzler, Felix Salten, Peter Altenberg und Richard Beer-Hofmann genießt sie so sehr, daß Beer-Hofmann, der sich in Lou verliebt, schreibt, ihre Augen und ihr Lachen würden sich merklich verjüngen.[149] Am stärksten bewundert Lou Hofmannsthal, am interessantesten findet sie Schnitzler und möchte sein wie er, aber Beer-Hofmann gefällt ihr.[150] Viele Gespräche kreisen um das Thema Literatur und Psychologie, das

Hermann Bahr

Thema der Moderne. Anders als die Berliner Schriftsteller drängt dieser Kreis, der als «das junge Wien» bekannt wurde, über den Naturalismus hinaus und neigt einem Stil zu, den man als literarischen Impressionismus bezeichnen kann. Den Schein, das Schillern der Oberfläche, das Spiel des Augenblicks wollen sie einfangen. «Der Zweck war immer, ein kleines Momentbild blitzschnell aufzufangen und es dann in das All der Stimmung zurückfluten zu lassen.» [151] Ähnliche Gedanken finden sich bei Hermann Bahr, der sich als Schriftsteller um die neue Literatur der Moderne bemüht und sich als engagierter Literaturkritiker zu ihrem Propagandisten macht.

Der Physiker Ernst Mach, den Bahr als «Philosophen des Impressionismus» interpretiert, hatte 1885 in seiner Aufsatzreihe über «die Analyse der Empfindungen und das Verhältnis des Physischen zum Psychischen» das Lebensgefühl der neuen Generation zum Ausdruck gebracht. Mach

Wien, Mariahilferstraße, um 1890

Hugo von Hofmannsthal

geht davon aus, daß alle Wirklichkeitsformen, die der psychischen genauso wie die der physischen Realität, letztlich nur aus Bewegungen von
Farben, Tönen, Wärme, Druck und Räumen resultieren. Das Ich ver-
dankt sich einer Erfindung, welche wir hervorbringen, um uns in der Vielfalt der Erfahrungen orientieren zu können.[152] Dementsprechend wehrt
sich Altenberg vehement gegen die Interpretation, sein Buchtitel «Wie
ich es sehe» wolle das «Ich» betonen.[153] Anders als der Naturalismus, dem
es um die «états des choses» ging, verlangt das moderne literarische Bedürfnis des «jungen Wien» Psychologie. Das hatte bereits Paul Bourget
ausgesprochen.[154] Während Bourget sich jedoch in seinen Romanen
psychologisch kommentierend und theoretisierend zwischen Text und Le-

ser stellt, fordert Bahr, der naturalistischen Methode folgend, die dokumentierte Wirklichkeit selbst zur Wirkung kommen zu lassen. Das sei nun auch auf die Darstellung des Seelenlebens anzuwenden. Will man das Seelische ausloten und diejenigen Regungen beschreiben, welche als ursprünglich oder elementar gelten können, muß man das Seelische bildhaft zur Anschauung bringen. Das Interesse der literarischen Psychologie der Jahrhundertwende richtet sich auf die seelischen Regungen, welche jenseits der Domäne des Verstandes in Bewegung sind. Man will dem Seelenleben in die Werkstatt schauen. Mit den durch das Bewußtsein gemodelten Endzuständen, Fakten und Theorien gibt man sich nicht mehr zufrieden. «Die Psychologie wird aus dem Verstande in die Nerven verlegt – das ist der ganze Witz»[155], meint Bahr. Der siebzehnjährige Hofmannsthal formuliert in seiner Rezension der «Physiologie der modernen Liebe» von Paul Bourget, «die Einheit der Seele, die Naivität, die Selbsterziehung zum ganzen Menschen, zum Individuum im Sinne Nietzsches» sei ihm noch wichtiger als die Bourgetsche Theorie von der Zweiseelenkrankheit, welche im Übermächtigtwerden einer sogenannten oberen, «geistesfunkelnden» Seele durch die untere, «die Tierseele» besteht.[156]

Nicht nur die Dichter der Jahrhundertwende beschäftigen sich mit diesen Phänomenen, sie sind auch Gegenstand der Untersuchungen Sigmund Freuds. 1895 erscheinen die «Studien zur Hysterie», welche Freud zusammen mit dem Wiener Arzt Josef Breuer durchgeführt hat. Sie zeigen, daß ungeheure Erlebensprozesse ablaufen, ohne daß deren Eigenart und Bedeutung dem Betroffenen kenntlich würden. Der Hysteriker leidet an unverarbeiteten Problemen, die als Reminiszenzen fortleben. Hypnoide Zustände, tagtraumähnliche Verfassungen von besonderer Erregbarkeit, losgelöst von den Bewußtseinszuständen, seien kennzeichnend für die Hysterie. Freud nimmt an, daß es Gegenkräfte im Seelischen gebe mit einem Interesse an der Abspaltung dieser Zustände. Bestimmte Vorstellungen, meist mit «Sexualem» verbunden, erweisen sich als unverträglich mit den Wertungen des Ich. Die genauen Fallbeschreibungen und -analysen von Breuer und Freud bestätigen die Vermutung der Dichter, daß jenseits des Bewußtseins Prozesse im Gang und Kräfte am Werk sind, welche noch zu entdecken sind. Auch in Freuds Analysen seelischer Zusammenhänge verliert das «Ich» seine Souveränität. Er sieht es als Spielball einer schwer faßbaren Größe, die er später als «Es» bezeichnet. *Wohl schafft er noch nicht*, schreibt Lou 1899 über den Künstler, *aber «es» schafft, unter der Schwelle seines Bewußtseins, in ihm bereits...*[157]

Dieses Thema ist Lou vertraut, einmal aus ihrer Betrachtung der eigenen Kindheit, zum andern aus der Auseinandersetzung mit Ibsen und Nietzsche. Vor der Wiener Reise hatte sie in dem Buch *Ruth* ihre frühe Erfahrung von Askese und Exaltation noch einmal literarisch ausgestaltet, um für die Einschätzung ihres Bewegungsspielraums, sie ist nun 34 Jahre alt, ein neues Maß zu finden. Ruth ist ein junges Mädchen, das seine kindliche Freiheit preisgibt, um sich in Selbstüberwindung dem Willen eines vergötterten Lehrers zu unterwerfen. Die Grenze zwischen «eigen» und «fremd» scheint aufgehoben. Schülerin und Lehrer verschmelzen in einer Symbiose. Dabei wird der seelische Komplex von All-Einheit und Alleinstehen bewegt; er entfaltet sich spannungsvoll im Wechsel zwischen intensiver Schwärmerei und strikter Zügelung, in Phantasie-Ausschweifungen und strenger Denkarbeit, in kindlichen Ängsten und Willensstärke. Wollte man die Geschichte simpel zusammenfassen, könnte man mit Alfred Kerr sagen, es eröffnen sich Perspektiven auf einen Geschlechtsverkehr, der immer noch nicht stattfindet. Lou schildert, wie wichtig es für ein wildes Kind sein kann, Grenzen zu erfahren, gegen die auch sein stärkster Trotz nichts ausrichtet. Sonst übernimmt es sich in seiner Allmachtsgebärde, Weltenschöpfer und -vernichter zu sein. Ruth findet diese Grenze in ihrem Lehrer. An ihn delegiert sie gleichsam ihre kindliche Allmacht, denn er scheint verantwortungsvoll damit umgehen zu können, da er selbstbeherrscht und willensstark auftritt. *Deiner selbst mußt du sicher sein,* heißt die an Max Stirner [158] erinnernde Devise seines Erziehungsplans, dann kannst du alles. In ihrem Lehrer findet Ruth ein lebendiges Ideal, das sie selbst realisieren möchte.

Von den Konstruktionen der Psychoanalyse her gesehen, die Freud zu diesem Zeitpunkt jedoch noch nicht entwickelt hatte, bearbeitet Lou Andreas-Salomé hier den ödipalen Konflikt mit dem typischen Ausgang der Identifikation mit dem Liebesobjekt, da jede andere Form der Vereinigung die zugleich aufkommende Angst nicht binden könnte. Mit dieser Umgestaltung ihres Verhältnisses muß und kann sich Ruth von ihrem Lehrer trennen. In Kinder- und Jugendzeit gewährt die Bindung an das Ideal der geliebten Person Sicherheit; als Vierunddreißigjährige fragt Lou Andreas-Salomé, ob nicht andere Formen der Sicherung angemessener wären. Die von dem geliebten Menschen Gillot angenommenen Ideale und die Vereinigungsscheu erweisen sich nun als eine Panzerung, die gelockert werden könnte.

Freuden, heißt es dann auch in ihrem nächsten Roman, *sind die holdesten Mittel, uns von einer allzu bewegten Innerlichkeit zu entlasten. Namentlich für alle Naturen, die das Leben ernst nehmen.* [159] Ihre Erzählung *Aus fremder Seele* ist ein Zwischenschritt auf dem Weg, der dazu führt, das Bild vom Kindlichen in dem umfassenderen Bild von der Frau aufgehen zu lassen. *Aus fremder Seele* entsteht 1895; diesmal geht es um die Entwicklungsgeschichte eines Knaben. Das Thema von Glaubensverlust, Vergöttlichung und Schock bei Erfahrung des Allzumenschlichen wird wieder belebt. Das Buch stellt die Frage, ob Resignation oder rigoroses Suchen nach dem Wahren der Lebensrealität angemessen seien – oder ob es ein Drittes gibt. In eine neue Geschichte eingekleidet nimmt Lou An-

Lou Andreas-Salomé. Aufnahme des Hofateliers Elvira, München

dreas-Salomé Gedanken aus ihrem Nietzsche-Buch wieder auf. Bedrängt durch seine Gottferne und die Enttäuschung durch eine Vaterfigur, bringt sich der Knabe Kurt am Ende des Romans um. Das Buch endet mit dem Vers *Sarg ruhig ein, was du verloren! / Es ward schon oft in tiefster Brust /*

Die beste Menschenkraft geboren / Aus einem heiligen Verlust[160]. Indem Lou Andreas-Salomé Kurt sterben läßt, macht sie sich selbst klar, daß die Haltung des Resignierens wie des Idealisierens am wirklichen Leben scheitert. Denn dem Leben wird man nicht gerecht, wenn es als Ersatz für etwas anderes herhalten soll. Das Gemeine des Lebens und die Schwächen des Menschen fordern ihr Eigenrecht. Was sind Ideale wert, fragt der Roman, die sich rigoros darüber hinwegsetzen? *Mit welcher erbarmungslosen Gewalt hatte sich hier, im individuellen Leben von ein paar einzelnen, eines jener Probleme aufgerollt, wofür es keine endgültigen Lösungen gibt, und wie nutzlos, wie fruchtlos hatte es Glück und Leben vernichtet. Alles blieb wie es war, leise schritt die Zeit darüber hinweg, und von neuem wiederholte sich dasselbe Spiel des Lebens.*[161] Fremd erscheinen nun Lou sowohl die gefühlsmäßigen Exaltationen als auch die intellektuellen Rigorismen, das Asketische ihrer Jugendjahre. Nicht, wie man über das Gemeine, die Schwächen und das Wirkliche hinauskommen kann, beunruhigt sie in dieser Lebensphase, sondern die Frage, wie sie in das wirkliche Leben hineinkommen kann. Ihre sich ändernde Stellung zur Wirklichkeit findet Ausdruck in den sich ändernden Themen ihrer folgenden Erzählungen und Romane. *Fenitschka* zeigt einen neuen Versuch, wie man mit den Problemen, für die es keine endgültige Lösung gibt, umgehen kann, wenn man sich auf das wirkliche Leben einläßt.

Man kann an ihrer literarischen Behandlung des eigenen Lebens sehr gut beobachten, wie der Zeitstil von Naturalismus und psychologischem Realismus sich mit Lous Einschätzung ihrer Lebensgestaltung zusammenschließt. Standen die ersten Jahre ihrer Ehe noch dergestalt unter dem Zeichen des Idealismus, daß die Wirklichkeit des Sexuellen wegphilosophiert werden mußte, so kommt es jetzt zu einer neuen Einschätzung ihres Lebens. Noch ist es nur eine abgewandelte Betrachtung. Die Abwandlung ihres Handelns folgt erst Jahre später, wenn sie Pineles und Rilke begegnet. Die Literatur des Realismus macht sozusagen die Probe auf die Ideale, welche im Viktorianischen oder Wilhelminischen Zeitalter Geltung beanspruchten. Die revolutionären Umtriebe im Zarenreich, das Ereignis des ‹Gott ist tot› sowie der Verlust andauernder Gebundenheit an einen Ort auf der Welt prägen auch das individuelle Schicksal der Lou Andreas-Salomé. Die recht klar umrissene Lebensform ihres Vaters als General im Dienst des Zaren gilt schon für die nächste Generation nicht mehr. Das jahrhundertelang stabile Gefüge mit seinen Hierarchien gerät ins Wanken. Zugeständnisse und Reformen, die Befreiung der Bauern aus der Leibeigenschaft erweisen sich als halbherzig, wenn die materiellen und sozialen Voraussetzungen für die Konsolidierung neuer Lebensformen einfach «vergessen» werden. Selbstverständliche Initiationsriten, wie die Konfirmation, werden zweifelhaft und kompliziert, wenn sie mit den seelischen Erfahrungen nicht vermittelbar erscheinen. Wie problematisch die Verbindlichkeit von Idealen ist, zeigt sich, wenn sie Lebensspielraum nur noch begrenzen, ohne den Gewinn einer Orientierung zu bieten.

So wundert es nicht, daß die Literatur der Zeit das Seelenleben als letzte Instanz in den Blick rückt. Sind wir nirgendwo mehr heimisch, so doch vielleicht im eigenen Seelenleben, lautet die Vermutung. Aber das Seelenleben existiert nicht unbeeinträchtigt neben den brüchig gewordenen Formen des Alltagslebens. Das Seelenleben spiegelt in seiner eigenen Kompliziertheit die Auflösung der Sicherheiten der Kultur. Das Unfaßbare und Sich-Entziehende, die Gestaltungskräfte, die jenseits unseres bewußten Entscheidens und Handelns wirksam sind, werden nun eigens befragt. Damit verbindet sich die Haltung des «modernen» Künstlers, der, das Außer-Takt-Geraten der Ordnungen erleidend, es wagt, sich vom Ungeordneten her zu verstehen. Bei diesem Wagnis eröffnen sich ganz neue Erfahrungsfelder, ganz neue Formen des Außer-Sich-Geratens, des Rauschhaften und Ekstatischen. Wenn Gott tot ist, sagt Dostojewskij, dann ist alles erlaubt. Alles muß neu in Erfahrung gebracht werden. Es kommt zu einer Explosion und Inflation möglicher Selbstbilder – und es wird schwer, in dieser offenen Situation ein verbindliches Bild für das eigene Leben zu entwerfen. Das zeigt sich in den verschiedensten Lebensbereichen, spitzt sich aber besonders zu, wo es um das Selbstverständnis der Frau geht. Sind einmal die staatserhaltenden Ordnungen angekränkelt, so wirkt sich das insbesondere auf die Einschätzung der Ehe als ursprünglich staatserhaltender Einrichtung aus. Wenn es sich nicht mehr lohnt, die überkommenen Verhältnisse zu reproduzieren, so erfährt besonders das weibliche Geschlecht seine Funktion als «Reproduktionsmaschine» wie eine Zumutung und sieht sich genötigt, ein neues Bild seiner selbst zu entwerfen. Auf der Grundlage ihrer eigenen Lebenserfahrungen geht Lou nun ans Werk, in ihrem Bild vom Weibe diesen Umsturz faßbar zu machen und die Chancen, die sich dabei für neue Entwicklungen zeigen, mitzugestalten.

In *Fenitschka* gestaltet Lou Andreas-Salomé ein Frauenschicksal, das mit den Problemen der Ibsenschen Frauengestalten nicht mehr viel zu tun hat. Ging es in der «Frau vom Meere» noch um die Vermittlung krankhaft gesteigerten Phantasielebens mit der andauernden Bindung an einen konkreten Liebespartner, so geht es in *Fenitschka* um die Frage der Rechtfertigung des Augenblicks. Eigenart und Glück des Augenblicks treten an die Stelle der suspekt gewordenen Ewigkeitswerte. Hofmannsthal ist der Ansicht, der Mensch habe kein Bewußtsein über den Augenblick hinaus, weil jede seiner Seelen nur einen Augenblick lebe.[162] Lou fragt in *Fenitschka* nach der existentiellen Rechtfertigung dieser theoretischen Ansicht. Liebe, Heirat, Freiheit, aufgezwungene Heimlichkeiten, kurz: das tradierte Bild der Frau, in das Fenitschka sich nicht fügen mag – und damit der Umbruch dieses tradierten Bildes –, sind Thema der Erzählung. Probleme des Bewegungsspielraums der Frau im wirklichen Leben, nicht in Phantasieexzessen, auch nicht als Denkproblem, werden durchlitten. Fenitschka wehrt sich gegen das vermeintliche Entweder-Oder, das die Frau einer Idealisierung oder einer Satanisierung unterwirft. *Es war ganz merkwürdig, wie schwer es fiel, die Frauen in ihrer rein menschlichen Mannigfaltigkeit aufzufassen ... ihre dem Mann in nichts nachstehende Menschlichkeit zu respektieren.* Fenitschka besteht auf dem Recht, sich ihrer Liebe hinzugeben, indem sie sich auf eine Verfassung einläßt, die Verstand, Geist und Maß außer Kraft setzt; – *da kommt nun etwas und nimmt einen hin, und man gibt sich hin, – und man rechnet nicht mehr, und hält nichts mehr zurück, und begnügt sich nicht mehr mit Halbem, man gibt und nimmt, ohne Überlegung, ohne Bedenken, fast ohne Bewußtsein, – der Gefahr lachend, sich selbst vergessend, – mit weiter – weiter Seele und ohnmachtsumfangenem Verstande, – – und das, das sollte nicht das Höhere sein? Darin sollten wir nicht unsere Vornehmheit, unsern Adel haben?* –[163]

Daß die Kultur der zweiten Hälfte des 19. Jahrhunderts Fenitschka nötigt, ihre Liebe geheimzuhalten, erlebt sie als ungeheure Zumutung und als Ausdruck von Maßstäben, welche nicht mehr gelten. Während Fenitschka glücklich über die sporadischen Begegnungen mit ihrem Liebhaber ist, gerät dieser jedoch in das Fangnetz alter Muster: er will Fenitschka heiraten, um sie immer bei sich zu haben. Fenitschka will das nicht, sie freut sich auf ihren Beruf und ruft aus: *Heim, Familie, Hausfrau, Kinder, – es ist mir fremd, fremd, fremd! . . Liebe und Ehe ist eben nicht dasselbe.*[164] Zwar errötet sie darüber, *nur eine rein sinnliche Leidenschaft* zu wollen, aber sie besteht darauf; es sei nun einmal nicht die Sehnsucht der Frau, *Dauer und vollkommene Zusammengehörigkeit* mit dem Geliebten zu realisieren, das entspreche vielmehr dem Frauenbild, das eine männliche Kultur entworfen hat. Wie sich der Mann gelegentlich bei einer Frau erhole, *so erholte Fenia sich vielleicht von ihren eigenen geistigen Kämpfen und Anstrengungen bei dem Mann ihrer Liebe. Nach Jahren konzentriertester Studien, asketischen Lebens eine unbewußt vollzogene, ganz naiv hingenommene Reaktion.* Das ist die Umkehrung der Situation aus Schnitzlers «Liebelei», wo Theodor behauptet, die süßen Mädel seien zum Erholen da.

Bewegt sich die Frau weg von den Bahnen, welche ihr die Kultur zugedacht hat, indem sie ihre menschlichen Möglichkeiten voll entfaltet, nicht nur die mütterlichen, dann gerät sie offenbar in Probleme hinein, die die Kultur dem Mann vorbehalten hat. Nur hat sie nun viel schwerer darunter zu leiden, weil sie alles selbst verantworten muß, was heißt, daß sie mit dem Bilderkrieg in sich selbst und mit der Kultur fertig werden muß. In diesen Kontext stellt Lou Andreas-Salomé einen Traum der Fenitschka, den sie auch deutet. Fenia träumt, sie sei wieder in Paris, gehöre aber anders als damals nicht zu den Intellektuellen und Künstlern, sondern zu den Grisetten. Das sei aber ein sehr dummer Traum, wendet ihr männlicher Zuhörer ein. *Nicht so dumm, wie du meinst,* entgegnet Fenitschka.

Arthur Schnitzler

Aber woher sollten Träume eigentlich auch klug sein. Ich glaube, unsere klugen Gedanken wirken nur wenig mit am Traumgewebe. – – Nein, alle die aufgeklärten und vernünftigen Ansichten, die träumen wir wohl nur wenig. Im Traum taxieren wir uns anders ... verworren und wirr vielleicht, aber doch so ganz naiv.[165] Der Traum spricht etwas aus, was Fenitschka im vernünftig eingerichteten Leben verbergen muß, aber eigentlich nicht verheimlichen will, das Grisettchen unter dem Nonnenkleidchen. Während Fenitschka den sexuellen Rausch genießt, nötigt sie die Kultur der Jahrhundertwende dann doch, sich zu schämen. Die Kultur zwingt ihr einen Zwiespalt auf. Fenitschka trennt sich schließlich von ihrem Liebhaber, bleibt ihm aber in der Erinnerung lebenslang dankbar verbunden.

Damit sind in gewisser Weise Anfang und Ende des intimen Verhältnisses zwischen Rilke und Lou Andreas-Salomé vorentworfen. Die in *Fenitschka* dargestellte Problematik bezog sich jedoch nicht auf Rilke, sondern aller Wahrscheinlichkeit nach auf den Anfang der Liebesgeschichte mit dem sieben Jahre jüngeren Arzt Dr. Friedrich Pineles. Lou lernt ihn und seine Schwester Broncia im Hause Rosa Mayreders, der österreichischen Frauenrechtlerin, kennen. Vermutlich war er es, der ihrem Asketentum ein Ende machte; ihn wählt Lou Andreas-Salomé als ihren Reisebegleiter, Arzt und Liebhaber; noch acht Jahre nach der ersten Begegnung hoffte er, Lou heiraten zu können. Er wird in Lous Lebensrückblick nicht namentlich erwähnt. Es scheint ihr doch schwerer gefallen zu sein als ihrer Fenitschka, das Genießen des Augenblicks in ihr Bild, welches sie im Lebensrückblick zeichnet, einzufügen. Einmal nicht bremsen, das Eigene einmal nicht sichern, sondern sich hemmungslos verströmen – das hat lange Jahre als Faszinosum Lous Asketentum durchzogen und auf diese Weise eine Steigerung entwickelt, die alles bis dahin Verbindliche umwarf.

1897 reist sie, wieder in Begleitung Frieda von Bülows, in eine weitere Kunstmetropole Europas. In München lernt sie, vermittelt durch Jakob Wassermann, den 21 Jahre jungen Rilke kennen. Zunächst erhält sie von ihm anonyme Briefe der Verehrung. Rilke war damals noch ein unbekannter, ambitionierter Vielschreiber, der seiner Familie, die einen Offizier oder Juristen aus ihm hatte machen wollen, um jeden Preis beweisen mußte, er könne als Dichter seinen Weg machen. Im Herbst des Vorjahrs hatte er, sich gegen Familie und Heimatstadt auflehnend, Prag verlassen. Bekanntschaften mit wichtigen Persönlichkeiten werden sofort der Mutter gemeldet, so auch die Bekanntschaft mit Frieda von Bülow und der «bekannten Schriftstellerin Lou Andreas-Salomé» [166]. *Jesus der Jude,* ein Aufsatz, den Lou Andreas-Salomé ein Jahr zuvor veröffentlicht hatte, war der Anknüpfungspunkt für Rilke – er habe Christus-Visionen geschrieben, die aus demselben Ursprung stammten. [167] René Maria kommt zu Lou Andreas-Salomé wie Louise vor Jahren zu Gillot kam, als schwärmerischer Gottsucher zu einem Menschen, der für sich bereits eine entschiedene Position gefunden hat. Lou Andreas-Salomé wirkt, wie damals Gillot, als Halt und Versprechen für eigene Klärungsprozesse.

Jesus der Jude ist eine religionspsychologische Studie, in der Lou Thesen Nietzsches mit Gedanken verknüpft, die Rée eingehend untersuchte. Es befremdet den Leser, daß die Autorin diese Gedanken als eigene ausgibt. Von Nietzsche übernimmt sie das Konzept vom religiösen Genie Jesus sowie die These, Gott sei eine Schöpfung des Menschen, von Rée den Gedanken der Rückwirkung des menschen-geschaffenen Gottes auf den Menschen. Beides wird ihr auch von Feuerbach her vertraut gewesen sein. Einen besonderen Akzent setzt Lou Andreas-Salomé auf die Gemeinsamkeiten zwischen der Haltung von Jesus und dem fehlenden Jenseitsglauben in der jüdischen Religion. Die gemeinsame innerste Glaubensvoraussetzung formuliert sich in dem Satz: *...was Gott verspricht, das muß das Leben halten.* [168] Jesus mache sozusagen die Probe aufs Exempel, was nur tragisch enden konnte. – *...das älteste der ihm zugedichteten ‹Herrnworte›... ‹Mein Gott! mein Gott! warum hast du mich verlas-*

sen?>bringe die Tragik des Judentums zum Ausdruck. *Das Christentum ist das Resultat eines jähen und ungeheuren Stimmungs-Umschwunges im Jüngerkreise, einer unbegreiflichen Umkehrung der tiefsten Enttäuschung und Demütigung in vollkommene Beseligung, für die es fortan keine Räthsel und Aengste mehr giebt...*[169]

Was Rilke an dem Aufsatz besonders angesprochen hat, hängt wohl vor allem mit den Analogien zwischen dem religiösen und dem künstlerischen Genie zusammen. Jesus als religiösem Genie sei es gelungen, für das, was er *ganz heimlich und individuell in seinem Innern erlebt... sich den absolut adäquaten Ausdruck in Worten und Bildern zu schaffen, sodaß also, wie etwa in dem Werk eines Dichters dessen höchster künstlerischer Traum, der höchste religiöse Traum der Menschheit uns in seiner ganzen Vollendung gleichsam greifbar, plastisch geworden, entgegentritt.*[170] Nietzsche nannte Jesus «diesen großen Symbolisten», der nur innere Realitäten als Realitäten, als Wahrheiten nahm.[171] Nicht die Schaffung neuer Gottheiten leiste das religiöse Genie, sondern *eine neue Herzenseinstellung zu ihnen,* die vom bloßen ‹Brauchen› zum ‹Lieben› überleite. Dann erst werde wieder sichtbar, *was von Urbeginn der Zeiten die große Basis aller Religionen ausmacht: die faktische Einheit von Göttern und Menschen, – die Thatsache, daß beide gleichen Wesens, daß sie identisch sind*[172].

Im jungen Rilke begegnet Lou Andreas-Salomé einem eigenen frühen Seelenzustand wieder. Das Träumerische, Wolkige, Wirklichkeitsferne, Sehnsuchtsvolle des jungen Dichters spricht etwas in ihr an, das lange Zeit durch disziplinierte Arbeit und denkerische Auseinandersetzung überschichtet und in Schranken gehalten wurde. Rilke ermöglicht ihr, an einem rigoros verlassenen Punkt der eigenen Entwicklung noch einmal anzusetzen. Auch Louise hatte Verse gemacht. In der Liebe zu Rilke lebt etwas von der Liebe zu sich selbst als einem verlassenen und verträumten Kind, das aus dem Familiennest gefallen war. Zugleich aber ist Lou Andreas-Salomé in all den Jahren eine Frau geworden, die dem Quälenden des damaligen Zustands entwachsen ist. Bringt sie Rilke auch immer wieder nahe, er müsse diszipliniert arbeiten lernen, so sucht sie doch nach einer weniger radikalen Kur als der Gillotschen. Rückblickend stellt sie fest, daß auch Gillots Wirkung eigentlich weniger in der strengen Dressur vom Phantastischen ins Logische als in der Vermittlung von *Heimat und Geborgenheit lag.* Das habe sie vor *haltloser späterer Phantasterei* gerettet. Dem entsprechend wird sie ihr Verhältnis zu Rilke gestalten.

Vier Tage nach der ersten Begegnung schickt Rilke bereits «Lieder der Sehnsucht» und gesteht, er sei mit Rosen durch die Stadt gelaufen, «zitternd vor lauter Willen, Ihnen irgendwo zu begegnen»[173]. Wenig später wechselt er vom Sie zum Du; sein Liebesüberschwang bricht sich Bahn, und es zeigt sich bald, daß Lou die Rolle eines geliebten Mentors erhält. Schlichtheit und Einfachheit bringt sie Rilke nahe – nicht nur in den drei Jahren ihrer Liebe, sondern auch in späteren Jahren ihrer lebenslangen

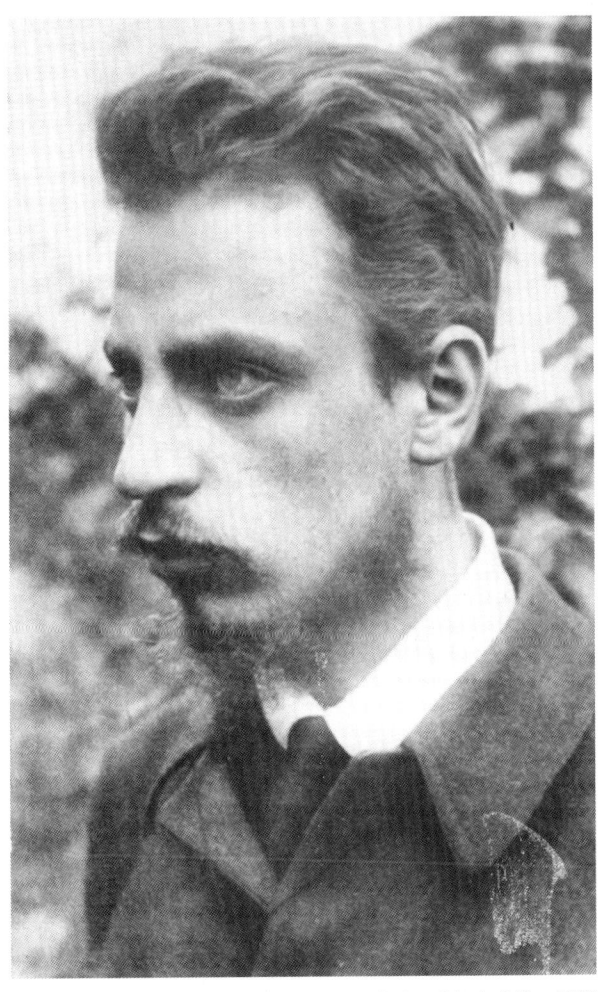

Rainer Maria Rilke, 1900

Freundschaft. Sie weist ihm immer wieder den Weg zur Wirklichkeit, zum tatsächlich Geschauten und Erlebten, an Stelle des Anempfundenen und Sentimentalen. Dabei wechseln Formen des Dozierens, Beschwichtigens, Erklärens und Psychologisierens mit ganz simplen, aber um so wirksameren Äußerungen; sie verstehe seine Gedichte nicht, wenn diese von Vagheiten überladen seien. Da Rilke sich zu Beginn in ihrer Liebe sicher fühlt, kränkt ihn das weniger als es ihn herausfordert. Für Lou Andreas-

In Wolfratshausen, 1897: Frieda von Bülow, Rilke, August Endell, Lou Andreas-Salomé und der russische Schriftsteller Akim Volinskij

Salomé will Rilke «groß» werden. Er gerät in die Rolle Ruths, die nichts stärker anstrebte, als ihrem geliebten Mentor zu gefallen und zu werden wie er. Das Buch *Ruth* schätzt Rilke besonders – später erhält seine Tochter diesen Namen, deren Mutter jedoch nicht Lou Andreas-Salomé ist, sondern die Worpsweder Künstlerin Clara Westhoff. Mitte Juli 1897 verlassen Lou und Rilke die Stadt München und mieten sich im Dorf Wolfratshausen ein, in einer *Stätte überm Kuhstall*, von August Endell mit einer Fahne versehen, die, auf Wagners «Wahnfried» anspielend, die Aufschrift «Loufried» trägt.

August Endell hat Gedichte unter dem Titel «Ein Werden» veröffentlicht. Seine dekorativen Jugendstilornamente sind ebenfalls Bewegungs- und Werdefiguren. In seinem Buch «Um die Schönheit» (1896), das Lou veranlaßte, ihn in München aufzusuchen, heißt es, «wer es aber gelernt hat, sich seinen visuellen Eindrücken völlig ohne Associationen hinzugeben, wer nur einmal die Gefühlswirkung der Formen und Farben verspürt hat, der wird darin... eine Quelle... ungeahnten Genusses finden». Endell, Anreger und Gestalter der neuen Architektur des Jugendstils – zu seinen ersten Bauten gehört das Foto-Atelier Elvira in München –, besucht Lou und Rilke häufig in Wolfratshausen. Auf das durch keine traditionelle Ausbildung versperrte Ursprüngliche seiner Kunst ist Endell besonders stolz.[174]

Im September 1897 kommt Andreas mit Lous Hündchen nach Wolfratshausen. Später lebt das Ehepaar in Berlin mit Rilke in merkwürdiger Dreieinheit. *Rilke teilt ganz unsere bescheidene Existenz am Schmargen-*

Endell, Volinskij, Frieda von Bülow, Rilke und (im Liegestuhl) Lou

Friedrich Carl Andreas, Endell, Rilke und Lou in Wolfratshausen, 1897

dorfer Waldrande... In der kleinen Wohnung, wo die Küche den einzigen wohnzimmerlichen Raum außer meines Mannes Bibliothek darstellte, assistierte Rainer mir nicht selten beim Kochen... in seinem blauen Russenhemd mit rotem Achselschluß half er mir Holz zerkleinern oder Geschirr trocknen.[175] Rilke, seit langem mit der russischen Literatur vertraut, bereitet sich auf eine Rußland-Reise (Ostern 1899) mit Lou und Andreas vor; er erlernt die russische Sprache und beschäftigt sich mit Landeskunde. Das Geld für die Reise muß ‹erschrieben› werden. Lou arbeitet an Artikeln über den *religiösen Affekt*, über den *Kunstaffekt*, über *physische Liebe* und über *russische Dichtung und Kultur*. Nebenher entstehen die Novellen, welche 1899 unter dem Titel *Menschenkinder* erscheinen. In den Jahren 1897 bis 1900 veröffentlicht sie etwa zwanzig Artikel und zwölf Erzählungen.

Das Interesse der Schriftsteller an unbewußten Seelenregungen wendet sich am Ende des Jahrhunderts besonders dem Geheimnisvollen, dem Religiösen, dem Visionären und dem Mythischen zu. Jakob Wassermann und Julius Hart sehen in der Beschreibung dieser Phänomene die Hauptaufgabe der Literatur im Übergang vom Naturalismus zum Expressionismus. Hart formuliert eine Weltanschauung des All-Einen und wählt in seinen Novellen eine Sprache, die den Empfängniszuständen und dem Visionär-Ekstatischen gerecht werden soll, eine dunkle, nebelhaft verworrene Sprache.[176] Etwas Vages, die Kontur des Begrifflichen Meidendes bestimmt auch die Sprache der Lou Andreas-Salomé. Dieses bewußte Experiment mit der Sprache wurde als Gestaltungsschwäche mißverstanden.[177] In ihrer Erzählung *Zurück ans All* (1899) beschreibt Lou dieses Grundgefühl mit den Worten: *So gleichwertig, Größtes wie Geringstes, als sei alles eins! waltend von Ewigkeit zu Ewigkeit, – und wir selbst nur ein Teilchen, ein winziges, davon, das demütig mit überfließt ins gewaltige Ganze... Weißt du, Künstler empfinden den Dingen gegenüber ähnlich.*[178] Das *ursprüngliche Lebensvolle*, das *unangetastet Gesunde*, das *unberührt Anfängliche* und die Gefahr des Abgleitens in das Formlose sind Gegenstand ihrer literaturkritischen Gedanken in dem Artikel *Grundformen der Kunst*, welcher 1899 in der Zeitschrift «Pan» erscheint. Bei Rilke findet das Erlebnis der Alleinheit seinen Ausdruck in einem Gedicht der Sammlung «Mir zur Feier» (1899).[179] Die Dichter des Impressionismus, Symbolismus und der Neuromantik stehen in der Nachfolge Nietzsches und betonen noch einmal die Bedeutung des Dionysischen als Grundstellung des Menschen zur Welt.

Rußland wird für Lou und Rilke das Land, in welchem sich diese Anschauungen gleichsam in den Lebensformen des Bauern bewahrheiten. Beide Rußland-Reisen mit Rilke bedeuten für Lou in doppelter Hinsicht Reisen in das Land der Kindheit. Weit hat sie sich durch die Schulung im westlich-vernünftigen Denken davon entfernt; Gillot hatte *entrussend*[180] auf Lous Weltanschauung gewirkt. Nun sucht sie die Haltung wiederzubeleben, die sie damals preisgab. Das Liebeserlebnis mit Rilke lenkt ihre Aufmerksamkeit wieder auf Seiten des Seelenlebens, hinter deren Bedeutsamkeit die intellektuelle Erschließung der menschlichen Wirklichkeit weit zurücksteht. So spiegelt sich einmal mehr in ihrer eigenen Lebensgeschichte ein Verhältnis, welches die Kultur ihrer Zeit beschäftigt. Die Attraktivität der russischen Dichtung und Kultur für den Westen sieht Lou 1897 darin begründet, *daß die bis zur Erstarrung vollendeten Formen des Westens* zu ihrer Erneuerung des *Einfachen, Ursprünglichen, Naiven* bedürfen.[181] Das findet Ausdruck im Sinn des Volkes für *Musik und Poesie, für schlichte und schwermütige Weisen, zartestes Naturgefühl und Mitleben mit dem Naturganzen, eine kindliche Unmittelbarkeit von Mensch zu Mensch ... Freude an Rauschzuständen ... Freude am Wechsel neben dem Bedürfnis nach contemplativer Ruhe und tiefer Seelenstille – und endlich jene unergründliche Melancholie, die sich nicht auf einzelne Widerwärtigkeiten des Daseins bezieht ... dies sind Züge, die dem heutigen modernen Menschen, dem alt und müde gewordenen Kulturmenschen, unwillkürlich zusagen...*[182]

An Rilke beobachtet Lou in Rußland, wie ein *kindliches Selbstverges-*

Kirche in Jaroslawl

sen jeder Stunde die innigste Vollendung schenkt und sich unmittelbar in Dichtung verwandelt. Das «Stundenbuch» entsteht, «gelegt in die Hände von Lou».[183]

Ihre zweite russische Reise bereiten Lou Andreas-Salomé und Rilke noch gründlicher vor. Sie ziehen sich für sechs Wochen auf den Bibersberg bei Meiningen zu Frieda von Bülow zurück und arbeiten, als ginge es darum, ein schweres Examen zu bestehen. Anfang Mai 1900 fahren sie, diesmal ohne Andreas über Warschau nach Moskau (vom 9. – 31. Mai), dann nach Tula, weiter nach Kiew, wo sie vierzehn Tage bleiben, dann per Schiff auf dem Dnjepr nach Krementschug, über Poltawa nach Charkow, Woronesch und Saratow an der Wolga, vom 25. Juni bis zum 2. Juli mit dem Dampfer stromaufwärts über Simbirsk, Kasan, Nishnij Nowgorod nach Jaroslawl. In Moskau besuchen sie Kirchen, Galerien und Museen. Im Tretjakow-Museum betrachten sie die zeitgenössische realistische russische Malerei.[184] In Schtschukins Galerie begegnet ihnen auch die moderne französische Malerei.

Im Kreml hält sich Lou besonders gern in der kleinen Kapelle der Iberischen Mutter Gottes auf, dort beginnt sie mit der Niederschrift ihres Reisetagebuchs.[185] Das Buch *Ma* (1901) fängt mit den Sätzen an: *Die Iberische Mutter Gottes fuhr spazieren. Aus der Tiefe ihres kerzenerhellten blaugoldschimmernden Tempelchens vor dem Eingang zum Schönen Platz am Kreml war sie von ehrfürchtigen Händen in den Wagen gehoben worden.*[186] Das konnte man damals täglich beobachten, denn dieses berühmte Heiligenbild wurde durch Moskaus Straßen gefahren. Auch in Sagorsk, in Kiew, in Susdal und Jaroslawl besuchen Rilke und Lou die Kirchen und Gottesdienste und werden von der Schönheit der Architektur genauso überwältigt wie von der *gläubigen Einfalt* des Volkes.[187] Rilke reiht sich einmal mit einer Kerze in Händen in eine Prozession ein. Die Schriftstellerin Sofia Schill, welche sie von Berlin her kennen, begleiten sie zu verschiedenen Kursen, die für die Unterrichtung des Volkes von liberalen Aufklärern durchgeführt werden.

Leo Tolstoj

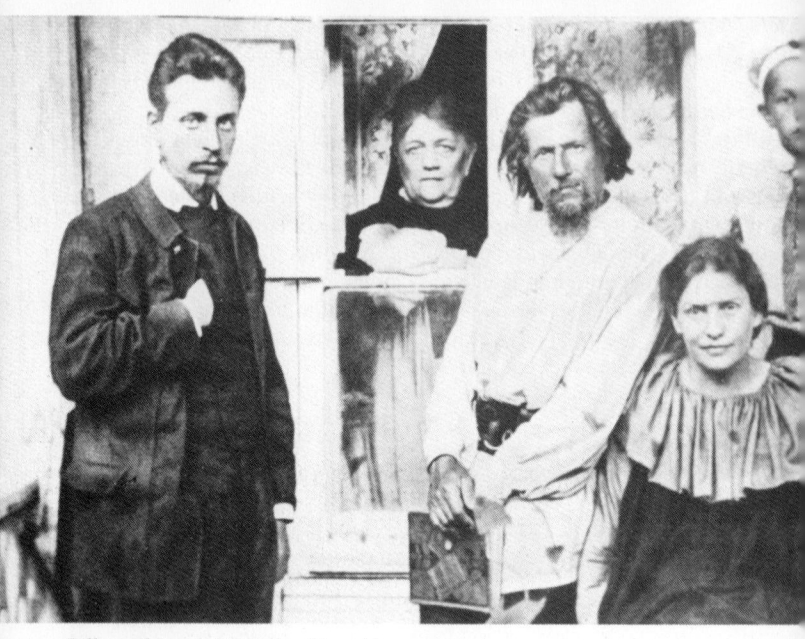

Rilke und Lou bei Spiridon Droschin

Am 31. Mai fahren Lou und Rilke in Begleitung des Malers Leonid Pasternak mit dem Zug nach Jasnaja Poljana, dem Landsitz Tolstojs. Sie waren ihm schon auf der ersten Reise begegnet und versprachen sich offenbar viel von dem Wiedersehen. Die ganze Situation wie auch das Gespräch müssen jedoch etwas merkwürdig ausgefallen sein. Auf einem kurzen Spaziergang war das Gespräch bald zu Ende, als Rilke auf die Frage nach seinem Beruf zur Antwort gibt, er sei Dichter. Boris Pasternak, damals ein Junge von zehn Jahren, beschreibt später Lou und Rilke als seltsames Paar: «Unmittelbar vor der Abfahrt trat ein Mann im schwarzen Tiroler Umhang an das Fenster unseres Abteils. Bei ihm war eine hochgewachsene Frau. Sie mochte wohl seine Mutter oder ältere Schwester sein.»[188]

Eine Woche lang fahren sie mit dem Dampfer auf der Wolga, stromaufwärts, ein Erlebnis, das Lou zu einem Gedicht veranlaßte. *Wolga. Bist Du auch fern: ich schaue Dich doch an, / Bist Du auch fern: mir bleibst Du doch gegeben – / Wie eine Gegenwart, die nicht verblassen kann. / Wie meine Landschaft liegst Du um mein Leben ...*[189]

Es ist ein Liebesgedicht an Rilke und ähnelt Rilkes Gedicht «Lösch mir die Augen aus, ich kann Dich sehen...»[190], welches ursprünglich ein Lie-

86

besgedicht an Lou gewesen ist. Drei Tage leben sie unter Bauern in einer einfachen Isba in der Nähe Jaroslawls. Schließlich besuchen sie noch den Bauerndichter Spiridon Droschin, dessen Lyrik Rilke bereits übersetzt hatte. An Sofia Schill schreibt Rilke, die Reise zusammenfassend, «mit diesen Tagen tun wir einen großen Schritt auf das Herz Rußlands zu, nach dessen Schlägen wir schon lange hinhorchen im Gefühl, daß dort die richtigen Taktmaße sind auch für unser Leben»[191]. Anders als Rilke es hoffte, gilt das jedoch nicht für ihr gemeinsames Leben. Ende Juli erreichen sie St. Petersburg, wo Lou Rilke zurückläßt, um allein ihre Familie in deren Ferienort Rongas, in Südfinnland, aufzusuchen. Rilke fühlt sich wie ein

Buchumschlag von Karl Rössing

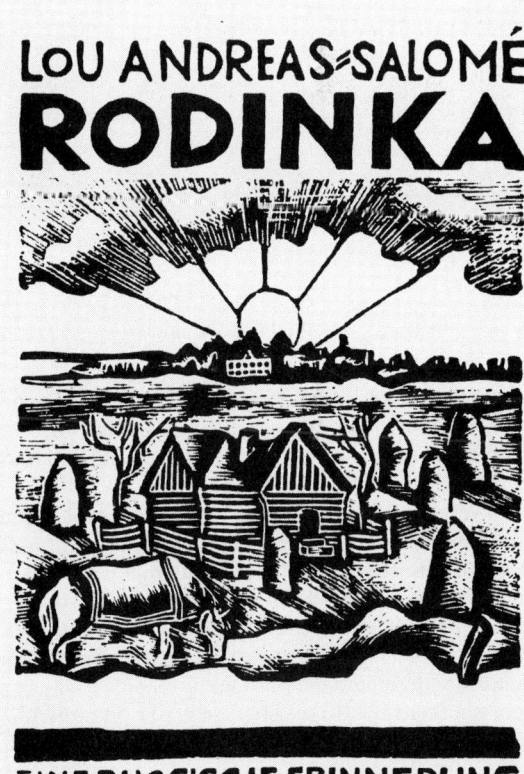

Dorf an der Wolga. Illustration aus einem zeitgenössischen Reiseführer

im Stich gelassenes Kind und fleht Lou in Briefen an, sie möge bald zu-
rückkommen. Am 22. August treten sie ihre Rückreise nach Berlin an.
Die zweite Rußland-Reise bildet Höhepunkt und Ende ihres intimen Lie-
besverhältnisses.

In verschiedenen Versionen hat Lou Andreas-Salomé ihre neue Begegnung mit Rußland dargestellt, einmal im bislang unveröffentlichten Tagebuch der Reise von 1900, zum andern in dem bald nach ihrer Rückkehr
niedergeschriebenen Roman *Ródinka*. Er erscheint erst 1923 und trägt
dann die Widmung *An Anna Freud, ihr zu erzählen von dem, was ich am
tiefsten geliebt habe.* Dieses «was» ist nicht ein einzelner Mensch oder ein
Land, sondern eine Lebensfiguration. Sie erschließt sich zwar in der Gemeinsamkeit mit Rilke, aber, sich von ihm lösend, existiert sie als das
Wichtigere weiter. In *Ródinka* heißt es: *Gib ihn nicht fort aus Deiner Seele
– ihn, den Allbewohner, den Nomaden, Kind du deiner weiten Heimat...
Nähe seien alle Fernen, alle Weiten... ‹Heimat!› sage sie darüber hin, bis
alles du beherbergst in dir selbst und es dir aller Wesen Wärme einver-*

leibte.[192] Das erinnert an Nietzsches Beschreibung der «allerumfänglichsten Seele».

Wie so häufig erhält Lous Sprache bei diesem Thema einen hymnisch-neuromantischen Zug, der den heutigen Leser – gelinde gesagt – ein wenig abschreckt. Aber das hat Methode; 1912 notiert Lou: *So könnte man sich auch eine literarische Technik vorstellen (– dieser alte Traum von mir! –), die eben nur jener Einheit der Gestaltung gerecht würde und die ganze dichterische Gestaltungskraft darauf würfe anstatt auf die zeiträumliche Schilderung...*[193]

Das Zurückwachsen in die Kindheit bedeutet für Lou ein Wiedererfahren von Ganzheitlichkeit. *Daß auch Gegensätzliches noch sich ungestört im Menschen zu einen vermag, entspricht dem Primitivern, Undifferenziertern. Doch noch darüber hinaus ist russischem Wesen ein Mangel an Dualismus sichtlich eigen: wodurch Traumerwartung und Realerfahrung weniger in ein Nacheinander zu zerfallen scheinen – wodurch, gleichsam weniger scharf entmischt, ‹Himmlisches› noch nicht abstrakt, ‹Irdisches› noch nicht schuldbeladen erlebt wird.*[194] Es scheint also doch eine Stellung zur Welt ohne das Erlebnis des «Ur-Schocks» und die Problematik der Individuation zu geben. In der Psychoanalyse Freuds wird ihr diese Lebensfiguration unter der Wendung des Narzißmus wieder begegnen und ihre Aufmerksamkeit auf sich ziehen.

Rußland symbolisiert jedoch nicht nur ein Lebensgefühl, es ist auch eine geschichtliche Realität. Lou Andreas-Salomé übersieht keineswegs die mit dem *Primitivern* verbundenen Probleme, wie Unterwürfigkeit, Aberglauben und Verführbarkeit. Auch Armut und Elend des Volkes, Analphabetentum, die Ermordung von Reformierern und Volksaufklärern beschönigt sie nicht.[195] Aber die Liebe zu einer ungebrochen-naiven Haltung des Menschen verwehrt es, in rigorosen Aufklärungskampagnen eine Lösung zu sehen.

Kurz vor den russischen Reisen erschien Lou Andreas-Salomés psychologische Studie *Vom Kunstaffekt*, die wie eine Analyse der Probleme Rilkes klingt. Lou vergleicht die seelische Situation des Künstlers mit der des Hysterikers. Beide leiden an *seelisch unverdauten Lebensresten bis sie aus ihrem Gemüth gleichsam hinausgeschleudert werden. Der schaffende Mensch, der große Gesunde, heilt sich selbst... Sein scheinbares Kranken am Leben ist eben nichts als die Kehrseite seiner Macht über alle Tiefen des Lebens: die verletzliche Sensitivität nichts als ein Werkzeug der alle Dinge besiegenden und durchströmenden hohen Lebensenergie.*[196] Es beunruhigt Lou, in Rußland sehen zu müssen, wie sich Rilke tatsächlich hysterisch verhält. An einem bestimmten Baum kann er nicht vorübergehen, da ihn dessen physiognomischer Ausdruck in Angst und Lähmung versetzt.[197] Offenbar kennt Lou inzwischen die Hysteriestudien von Josef Breuer und Sigmund Freud, in welchen das Leiden an Reminiszenzen als Erklärungsgrund der Krankheit aufgeführt wird.

Rilkes Empfindlichkeiten, welche schließlich zur Trennung führen, sind auch um den Wunsch zentriert, für Lou der eine, einzige, große Mann und Künstler zu sein. Ständig vergleicht er sich mit Lou und leidet darunter, nicht ebenso großartig wie die geliebte Frau zu sein. Im Verhältnis zu Lou erfährt Rilke die ambivalente Beziehung des Kindes zur Mutter wieder. Zwischen seinen schöpferischen Augenblicken bricht das immer wieder auf. Den *schöpferischen Augenblick*, welcher zu einer Zuspitzung und Dynamisierung der seelischen Verfassung führt, *als läge alles Lebens Seligkeit einzig in ihm beschlossen*[198], vergleicht Lou mit der *gewaltigen Liebeskraft, die plötzlich findet, woran sie sich zeugend entladen könnte. Ist dieser Vorgang vorüber, leidet der Künstler, der bestgeordnete Haushalt in seinen Fähigkeiten, erscheint ihm unerträglich und verkehrt, weil er sich selbst in den Zwischenzeiten von Rausch zu Rausch doch immer nur als den Schauplatz ... empfindet, wo solch hohe Feier stattfand und wieder stattfinden soll ... Diese Unmöglichkeit, selbst mit noch so kraftvoll vereinten Verstandes- und Willenskräften auch nur das Geringste davon eigenmächtig zurückzurufen, trägt in die leere Erwartung zuletzt auch noch den Zweifel und Unglauben, ob das Entschwundene auch wirklich eben so wiederkehren... wird. Selbstverhöhnung, Hilflosigkeit und gepeinigter Hochmuth, Lebensüberdruß, ja Verzweiflung! sind die Folge.*[199]

Obgleich solche Stimmungen beim Unbetheiligten leicht ein Lächeln wecken können und gern als launenhafte und reizbare Schwäche des Künstlergemüthes ausgelegt werden, so giebt es doch nicht viele Schmerzen, die so echt, so wenig eingebildet wären. Der schaffende Mensch ist das selige und schmerzenreiche Geschöpf, das seinen Normalzustand da sucht, wo nur ein intermittierender Ausnahme- und Höhezustand denkbar ist.[200] Lou ist aber nicht unbeteiligt, und es gelingt ihr angesichts des engen Zusammenlebens mit Rilke nicht das Lächeln. Auch wird es für Lou nicht leicht zu ertragen gewesen sein, daß Rilke der besessen Kunstschaffende war, während sie selbst die Stellung einer mütterlichen Psychologin erhielt. Erst in der späteren Freundschaft mit Rilke hat sie diese Aufgabe gern übernommen. Der ausgedehnte Briefwechsel mit Rilke zeigt, daß er sich ein Leben lang mit den von Lou beschriebenen Problemen von Kunstleben und Lebenskunst auseinanderzusetzen hatte.

Im Februar 1901, nach der Trennung, schreibt Lou an Rilke: *Allmählich wurde ich selber verzerrt, zerquält, überanstrengt ... gab die eigene Nervenkraft aus. Immer öfter stieß ich Dich endlich fort, – aber daß ich immer wieder mich von Dir an Deine Seite zurückziehen ließ, das geschah jener Worte Zemeks* (Dr. Pineles) *halber.*[201]

Nach der Trennung nimmt Lou ihre Beziehung zu Pineles wieder auf, dem sie erneut den ‹Fall Rilke› schildert, um ärztlichen Rat für den Seelenkranken einzuholen. Auch später war es oft fraglich, ob es Rilke wirklich gelingen werde, schaffend seine Lebensprobleme zu bewältigen oder ob er sich, wie er es 1913 erwog, einer psychoanalytischen Behandlung

unterziehen sollte. Lou rät ihm davon ab, aus der mit Rilke geteilten Angst, die Psychoanalyse könnte eine zu radikale Kur sein, weil bei Bearbeitung der Schattenseite des Künstlerdaseins das Künstlerisch-Schöpferische selbst gestört werden könnte.[202]

Mehr als drei Jahre nach der Trennung schreibt Rilke: «...die umgestaltende Erfahrung, die damals, an hundert Stellen zugleich, mich ergriff, sie ging von dem unsagbar Wirklichen aus, das Du warst. Nie hatte ich, in meiner tastenden Zaghaftigkeit, Seiendes so gefühlt, an Vorhandenes so geglaubt und das Kommende so erkannt. Die Welt verlor das Wolkige für mich, dieses fließende Sich-Formen und Sich-Aufgeben, das meiner ersten Verse Art und Armuth war.»[203] Ganz ähnlich notiert Lou im Lebensrückblick: *...war ich jahrelang Deine Frau, so deshalb, weil Du mir das erstmalig Wirkliche gewesen bist. Darin wurden wir Gatten, noch ehe wir Freunde geworden, und befreundet wurden wir kaum aus Wahl, sondern* *aus ebenso untergründig vollzogenen Vermählungen. Nicht zwei Hälften suchten sich in uns: die überraschte Ganzheit erkannte sich... So waren wir denn Geschwister – doch wie aus Vorzeiten, bevor Inzest zum Sakrileg geworden.*[204] Das klingt wie ein Gespräch zwischen Narziß und seinem leibhaftigen Spiegelbild.

Es wäre falsch, Lou Andreas-Salomé in der Zeit ihres intimen Verhältnisses als die große überlegene, alles verstehende, harmonisch-sorgenfreie mütterliche Freundin zu sehen. Die Trennung von Rilke ist ihr nicht leicht gefallen. Das Jahr 1901 wird ein schweres Jahr für sie. Rée verunglückt tödlich im Oberengadin, in Celerina, wo sie in der Zeit des Zusammenlebens den Sommer verbrachten. Lou vermutet Selbstmord. Rilke heiratet die Worpsweder Künstlerin Clara Westhoff und wird Vater. Lou entwickelt ein nervöses Herzleiden mit Ohnmachtsanfällen. Pineles wird ihr Arzt und nun für lange Zeit ihr Liebhaber. An Rilke hatte sie einen letzten Zuruf gerichtet, eine Warnung davor, sich in seinem labilen Seelenzustand erneut an eine Frau zu binden und damit Verantwortung für andere auf sich zu laden. So schnell ersetzt zu werden, kam wohl auch einer Kränkung gleich.

Der Mensch als Weib und Über-Weib

Pineles ist um Lous körperliche Verfassung besorgt. Er behandelt sie als Arzt und überzeugt sie von einer gesünderen Lebensweise. Bei ihm und mit ihm erholt sich Lou, wie Fenitschka den Augenblick genießend. Sie reisen viel, oft sind sie mehrere Monate zusammen. Lou gehört gewissermaßen zu seiner Familie. Mit Pineles' Schwester Broncia, einer Malerin, war Lou schon länger befreundet. Zur Geburt ihrer Tochter schrieb Lou, *als ob sie so etwas wie mein Kind sei. Vielleicht glich sie denen, die ich hätte haben können.*[205] Auch Lou wird schwanger. Während dieser Zeit lebt sie im Haus der Schwester in der Nähe Wiens. Pineles möchte Lou heiraten; er will Andreas aufsuchen und ihn um die Scheidung bitten. Lou soll ihn daran gehindert haben. Das Ganze nimmt eine tragische Wendung. Lou verliert das Kind, «als sie beim Apfelpflücken von einer Leiter stürzt»[206]. Schließlich erträgt Pineles seine Rolle des Arztes und Liebhabers, den Lou nach eigener Willkür sporadisch aufsucht und wieder verläßt, nicht länger. Er bricht die Verbindung ab. Er hat nicht geheiratet.

Lous Aufspaltung ihres Lebens in einen bürgerlichen Teil mit Ehemann, Arbeit und hausfraulichen Pflichten im Haus in Göttingen und einen anderen Teil mit inoffiziellem Liebhaber, Reisen und ohne Pflichten bietet ihr die faszinierende Erfahrung von Weite und Beweglichkeit. Vorübergehendes Abschließen der einen Lebensform und gleichzeitiges Eröffnen der andern führt zum gesteigerten Erleben von Selbstbestimmung und Selbsterweiterung. Spaltung und Wechsel ermöglichen das Gefühl, Bindung und Trennung frei wählen zu können. Bei genauerem Hinschauen zeigt sich jedoch etwas Zwanghaftes. Insgeheim wird Lous Handeln bestimmt durch eine gesteigerte Not, nachweisen zu müssen, daß ihr Leben frei ist vom Makel der Einseitigkeit. Sie muß sich als Repräsentant eines umfassenderen Ganzen gebärden, indem sie demonstriert, autonom Grenzen setzen und aufheben zu können. Sie selbst muß und will nicht anders werden, solange es gelingt nachzuweisen, daß sie das jeweils Andere wählen kann. Die Belebung des Anderswerden-Könnens und die Erfahrung, in eine Rolle mit anderen Grenzen und Möglichkeiten zu schlüpfen, sind daher ungemein attraktiv.

Bei der Stilisierung ihres Bildes im Lebensrückblick betont Lou häufig eine merkwürdig inhaltslos oder erfahrungsjenseitig anmutende Harmo-

Haus «Loufried» am Hainberg in Göttingen

nie ihres Lebens.[207] Im November 1903 teilt sie Rilke den Umzug nach Göttingen mit, wo Andreas eine Professur erhält und sie selbst eine Heimat, die sie abermals Loufried nennt. *Seit dem Loufried von Wolfratshausen bin ich diesem hier Schritt für Schritt entgegengewandert; jedes Jahr seither hat dran mitbauen müssen... Nach Bauregeln über alle Vernunft. Und nun steht's da. In einer weiten Landschaft, die es auch weithin überblickt mit ihren Buchenwäldern... Hier bin ich eine Bäuerin geworden.*[208] Das häufige Kranksein seit ihrer Trennung von Rilke paßt nicht so recht zu der Idylle. Sicher war auch Andreas' Verhältnis mit seiner Haushälterin Marie Stephan, welche Lou 1901 in Berlin eingestellt hatte, und das aus dieser Verbindung hervorgehende Mariechen (geb. 1904)[209] sowie deren Anwesenheit im Haus nicht leicht zu akzeptieren. Die Probleme ihres Lebens kommen im Körperlichen zum Ausdruck, wie nach der Trennung von Gillot und Rußland. So wirkt es zuweilen, als rede sie sich selbst gut zu, wenn sie dem über körperliche Leiden klagenden Rilke psychologische Interpretationen anbietet.[210] Rilkes Hilferufe werden für Lou zum Anlaß einer symbolischen Selbstbehandlung. Was sie bei sich selbst nicht sehen mag, sieht sie an dem vertraut-fremden Schicksal Rilkes um so klarer.

Lou Andreas-Salomés Wendung zur Psychoanalyse mag durch den Wunsch, Rilke besser verstehen und helfen zu können, veranlaßt worden sein; es spricht jedoch vieles dafür, ihre eigene Seelenlage als letztlich ausschlaggebend einzuschätzen. Rilke hatte sie auseinandergelegt, daß sein eigenes Seelenleben Material, Werkstätte und Instrument seiner Dichtungskunst sei.[211] Bei Nietzsche hatte sie das Gebilde der «allerum-

Das Rathaus von Göttingen, um 1910

fänglichsten Seele» schätzen gelernt. War das nicht auch eine Werkstätte, ein Instrument für einen Menschen, der sich nicht als Künstler[212] und nicht als Philosoph verstand? Die Psychoanalyse bot jedenfalls eine außerordentlich passende Möglichkeit, alle bisherigen intellektuellen Interessen mit der zugehörigen Seelenhaltung und künstlerischen Lebensansicht in einer eigenen, neuen Tätigkeitsform zu integrieren. Bevor Lou nach Wien ging, versuchte sie jedoch zunächst ihre Lebensgestaltung in einer psychologischen Auffassung vom Weibe als Lebenskünstler zu begründen.

Sie geht von der These aus, daß die seelische Konstitution von Mann und Weib grundsätzlich verschieden sei – jedoch nicht im Sinne zweier ergänzungsbedürftiger Halbheiten, dergestalt, daß der Mann den *aktiv schöpferischen Inhalt* in das *passiv empfangende Gefäß* fülle.[213] Das Eine, der Mensch, existiere in zweierlei Gestalt, jeder bringe das Menschliche voll zum Ausdruck – in seiner Weise. Beide haben charakteristische Möglichkeiten, beide können aber auch ihre spezifische Eigenart entstellen und verfehlen; besonders wenn sie die Eigenart des anderen für sich selbst verbindlich machen. Bereits in den Gegebenheiten von Ei und Samenzelle[214] spreche sich beider Eigenart aus. Der Same zeige sich als das *geborene Fortschrittzellchen, als das unzufriedene, sich neue Ziele steckende, sich neue Arbeit schaffende, kurz als das durch Drang und Not sich entwickelnde Element ... während die weibliche Eizelle einen Kreis um sich geschlossen hält, über den sie nicht hinausgreift. Wozu auch? ist es doch, als besäße sie in ihm, in dieser Ausstrahlung ihrer selbst, ihre eigne natürliche Heimat rund um sich; als habe sie gewissermaßen die letzten Schritte aus sich heraus, in die Fremde, in die Leere, in die tausend vagen Wesens- und Lebensmöglichkeiten draußen, nicht mehr mitgemacht; als sei sie mit dem allerhaltenden unendlichen Ganzen noch unmittelbarer verbunden... Deshalb liege im Weiblichen... die intaktere Harmonie, die sicherere Rundung, die in sich ruhende größere vorläufige Vollendung und Lückenlosigkeit. Das ließe sich mit der Ruhelosigkeit und Rastlosigkeit dessen, was sich begehrlich bis an die äußersten Grenzen vorwärts streckt und alle Kräfte immer stärker und spitzer zu spezialisierteren Betätigungen spaltet und zersplittert, nicht vereinen.*[215]

Zwischen dem Künstler, dem genialen Menschen, dem russischen Bauern und dem Weib sieht sie eine Verwandtschaft. Sie kultivieren eine Verfassung des Seelischen, die *vor jeder Sonderung der Regungen in ihrem Innern*[216] liegt. Eine Differenz zwischen dem Künstler und dem Weibe sieht sie darin, daß sich beim Künstler die schaffende Kraft im Werk aufhebt, welches ein Ding für sich wird, während sich beim Weibe alles ins Leben hinein entlädt. *Deshalb darf man ihre Geisteswerke nicht mit dem Mannesschaffen vergleichen, dessen beste Werke daraus entstehen, daß sie die ganze, auf einen speziellen Punkt produktiv konzentrierte Aufmerksamkeit, den ganzen angespannten Kraftaufwand eines Menschen in sich*

Titelblatt, 1922

aufgesaugt und für sich verbraucht haben.[217] *Teufelswerk* sei es, wenn sich die Frau versteife auf *dies Beweis-Erbringen ihrer gleichwertigen Leistungsfähigkeit in jedem isolierten Einzelberuf ... und der äußerliche Ehrgeiz, der dabei geweckt wird,* sei *ungefähr die tödlichste Eigenschaft, die das Weib sich anzüchten kann. Eben die Abwesenheit dieses Ehrgeizes macht ihre natürliche Größe aus: die sichere Gewißheit, daß es eines solchen Beweis-Erbringens nicht bedarf.*[218]

Lous Erzählungen waren in dichter Folge in den Jahren 1895 bis 1899 entstanden. Nach der Trennung von Rilke führt sie den in Rußland begonnenen Roman *Ródinka* aus, 1904 folgt *Das Haus*, später 1909 einige Erzählungen für Kinder und im Alter *Der Teufel und seine Großmutter* sowie die Erzählungen *Amor* und *Jutta*. Lous Schaffenspause zwischen 1904 und 1909 geht einher mit einer Neuorientierung ihrer Lebensansicht und -gestaltung. In der Zeit mit Pineles bedarf es offenbar nicht mehr des «Beweiserbringens». *Dilettantismus, Inkonsequenz* und *Oberflächlichkeit* des Weibes seien darin begründet, daß es *über die Einzellinie hinaus sich zum Ganzen runden will.* Naturalistische Sexualsymbolik könnte man das nennen. Für das Alogische habe das Weib einen besonderen Sinn wie auch für die Erlebensseite von Gedachtem: ... *was nicht in unser Gefühl eintritt, das beschäftigt unser Denken nicht lange.* Anstreben emanzipatorischer Ziele solle das Weib nicht verwechseln mit der Suche nach seinem Selbst und seiner eigenen Entwicklung. In jedem Fall aber brauche es *Freiheit und immer wieder Freiheit,* und so müsse jede künstliche Schranke und Enge zerbrochen werden, *die in ihrer zufälligen Umgebung vorhandenen Schranken des Hauses, der geltenden Verhaltungsmaßregeln.* Das könne sich das Weib auch leisten, da es aus sich selber, *aus dem lebendigen Leben heraus, dieselben produzieren wird.*

Wenn man sich vergegenwärtigt, daß Lou Andreas-Salomé diese Gedanken mitten in der hohen Zeit der Frauenbewegung veröffentlichte, kann man an den unverhohlen «ketzerischen» Thesen sein Vergnügen haben. Sie läßt sich eben nicht eingemeinden, auch nicht von ihren Geschlechtsgenossinnen. Lou weigert sich, dem verbreiteten Interesse an Gleichberechtigung mit einer These von der Gleichheit der Geschlechter entgegenzukommen. Sie sieht die Gefahr der Affirmation einer männlich ausgelegten Lebenswelt. Neu wäre dann nur, daß die Frau stärker an deren Erhaltung mitarbeiten würde. Schon wegen der Einbuße an Lebensvielfalt könnte Lou dem nicht zustimmen.

Merkwürdig wirkt jedoch ihr Versuch, das Weibliche problemlos zu machen und aus den Spannungen menschlichen Lebens herauszulösen. Man spürt den Versuch, im Bild des Weibes für ihr eigenes aufgespaltenes Leben einen Halt in etwas Ewigem, Harmonischem, Ganzem zu finden. Das führt dann im Lebensrückblick häufig zum Leugnen von Kampf, Streit und Selbstdurchsetzung. In ihrer späteren Stellung zu Freud zeigt sich, daß sie nur in Anlehnung an eine liebevoll bewunderte Größe einen Streit ausfechten und eindeutig Stellung beziehen kann – etwa gegen Adler und Jung. Das wirkt wie eine Rückkehr zur Position des kleinen Mädchens.

Schließlich läßt sich die vorliegende Charakteristik des Weibes im Vergleich mit dem Mann wie ein Vergleich ihrer eigenen Person mit der Rilkes lesen. Während Rilke in Rußland über das gemeinsame Erlebnis zum «Werke» kommt und sein Glück mit diesem Gelingen steht und fällt, scheint Lous Glück mehr in der Wiederbelebung des Vergangenen zu liegen. Sie läßt sich nicht in der Hingegebenheit an ein Anderes, das Werk, ‹brauchen›. Es liegt die Vermutung nahe, daß nicht «das Weib», sondern das Weib Lou Andreas-Salomé ein Gehege um ihre eigene Person baut und das Risiko zwischen Erfüllung künstlerischer Ambitionen und deren Versagung vermeidet – unter dem Rilke so sehr leidet. Diesen Selbsterfahrungen gemäß modelliert sie das Bild der Frau.

Interessant ist der Versuch, das Weibliche als «Ewig»-Weibliches zu bestimmen. Nietzsche hat darauf aufmerksam gemacht, daß der Mensch für sein Leben immer wieder Sicherheiten sucht, die aus Bereichen stammen, welche über seine geschichtliche Lebensform im Hier und Jetzt hinausreichen. Gegen die Erfindung solcher Hinterwelten in Gestalt von

Lou Andreas-Salomé

Religion und Metaphysik setzt sich Nietzsche zur Wehr. Im Bild des Über-
menschen holt er die Götter und ewigen Gesetze auf die Erde zurück,
nimmt dem Menschen die Vorstellung von Jenseitigem und verpflichtet
ihn auf die Gestaltung seiner Geschichte im Diesseits. Mit ihrem Konzept
vom Über-Weib fällt Lou Andreas-Salomé nun in die alten Auffassungs-
weisen zurück. Sie verankert den Sinn des Weibes in seiner «Natur». Die
Aufgabe, die sich dem Weibe hier und jetzt stellt, scheint nur darin zu
liegen, sich diesem Maß einzufügen. Fassungslos kann es nur werden,
wenn es dieses ewige Maß verletzt.

Man fragt sich, was Lou Andreas-Salomé dazu nötigt, mit solch schwe-
rem Geschütz wie *Teufelswerk* und *tödlichster Eigenschaft* aufzufahren,
und was ihr nahelegt, Beruf und Spezialisierung eigenen Könnens auf
Beweis-Erbringen und *Ehrgeiz* zu reduzieren. Besonderes Objekt ihres
Angriffs sind die Schriftstellerinnen, die unter männlichem Pseudonym
arbeiten. *So sind sie doch noch immer zu weit davon entfernt, auf alles,
was des Weibes ist, mit ehrfürchtigem Auge zu sehen.*[219] Unter männlichem
Pseudonym (Henri Lou) war ihr erstes Buch erschienen; Objekt ihres
Angriffs ist ein Stadium ihres eigenen Entwicklungsgangs. Ihr eigenes
Leben war lange Zeit durch Rivalität und Ehrgeiz bestimmt, und zwar auf
Kosten der Entwicklung anderer menschlicher Eigenschaften. In der
Idealisierung des Weibes als harmonischer Ganzheit spricht sich der
Wunsch aus, die Probleme der Individuation nicht ausfechten zu müssen.
Von Anfang bis Ende fragt Lou, wie es möglich sei, als Einzelner in unver-
wechselbarer Gestalt zu existieren und dennoch auf keine der vielen
Seinsmöglichkeiten zu verzichten. Ihr umrissenes Bild von der Natur des
Weibes erweist sich als Kunstgriff, das Unmögliche möglich zu machen.

Während der Mann dadurch eine besondere Form für sich annimmt,
daß *er gewisse Seiten auf Kosten der übrigen heraustreibt und im Einzelnen
mehr scharf und zugespitzt als harmonisch ist*[220], treibt das Weib seine
Individualisierung nicht so weit. Lou Andreas-Salomé entfernt mit dieser
Aufteilung in weiblich-männlich aus ihrem Entwicklungsgang eine nicht
weitergeführte eigene – von ihr «männlich» genannte – Gestalt zugunsten
ersehnter Harmonie. Schließlich müsse sich der Mensch noch von seiner
Emanzipation emanzipieren, hatte Nietzsche zu ihr gesagt.[221] Etwa sieb-
zehn Jahre danach findet Lou dafür eine Form, indem sie das Bild vom
Über-Weib entwirft. Indem die Frau, *selbst ein Ganzes, heimkehrt zum
Ganzen, ist es ähnlich, als durchlebe sie einen uralten Traum, der in dunkler Erinnerung ordnend und bestimmend über ihrer menschlichen Entfaltung ruhte, – einen Traum aus urgrauen Zeiten, in denen sie noch Alles mit
Allem war, – und nichts für sich allein, weil nichts außer ihr blieb.*[222] Der
Mann allein hat einen *tragischen Zwiespalt in sich zu überwinden und tut
es nicht ohne Kampf* – nicht der Mensch.

Sieht man einmal von den Problemen ab, die in diesem Konzept vom
Weibe stecken, dann zeigt sich, daß Lou eine Seite der Wirklichkeit und

Titelblatt, 1910

die Sehnsucht der dekadenten Kultur ihrer Zeit nach nicht-relativierbaren Werten in ein prägnantes Bild gebracht hat. Nicht von ungefähr wird heute, wo Mythen, Natur, einfaches Leben ebenfalls wieder geschätzt werden, die Erinnerung an Lou Andreas-Salomé wachgerufen. Eine Lösung jedoch wird man bei ihr nicht finden.

Auf dem Hintergrund der konstitutionellen Verschiedenheit von Mann und Weib entwirft Lou auch ihre Auffassung von der Erotik. Martin Buber hatte Lou um einen Beitrag für die Reihe «Die Gesellschaft» gebeten.[223] Ziel der sexuellen Vereinigung sei es nicht, ineinander zu zerfließen und einzuwerden, sondern der geliebte Andere fungiere vielmehr als fremd bleibendes Anderes, das dem Einen als Totalisierungsanlaß dient. Der Andere sei Anlaß zur Heimkehr in sich selbst, zur Erfahrung *einer Art berauschten, jubelnden Ineinanderwirkens der höchsten seelischen Steigerung.* Das Erotische ermögliche eine Aufhebung eigener innerer Barrieren. *Obgleich wir nämlich so völlig vom Anderen erfüllt zu sein wähnen, sind wir es doch nur vom eigenen Zustand...* Die wahre Erscheinung des erotischen Rauschs habe damit zu tun, daß *Körper und Seele in inniger Umschlingung in sich eins werden,* es geht um unser *tiefstes Eingehen in uns selbst.*[224] Auf den ersten Blick sieht es so aus, als werde hier der geliebte Mensch zum Anlaß einer Selbstbefriedigung gemacht.

Tatsächlich meint Lou Andreas-Salomé jedoch, wir liebten den anderen als Repräsentanten des Prozesses unserer Verschmelzung im Liebesakt mit dem *sonst unerreichbaren Draußen der Dinge.* Der oder die Geliebte sind *das Medium, durch welches das Leben zu ihm spricht.* Alles wollen sie einander sein: *Geliebte, Gatten, Geschwister, Freunde, Eltern, Kameraden, spielende Kinder, strenge Richter, erbarmende Engel.* Das könne allerdings nur gelingen, wenn der Andere seine Eigenart nicht drangebe, *da Zwei nur dann Eins sind, wenn sie Zwei bleiben.*[225] Es gebe keine größere Gefahr für die Liebesleidenschaft, als wenn ein Mensch in törichter Verblendung für den anderen versucht, *sein eigenes Wesen künstlich nach der Art des Andern zurechtzuschrauben...*[226].

Hier zeigt sich Lous Sensibilität für die Unaufhebbarkeit von Gegensätzen und die damit verbundene Verwandlungsproblematik. Wie die beiden anderen großen Phänomene ihres Interesses – Kunst und Religion – hat auch die Erotik für Lou Andreas-Salomé besonders mit Übergangs- und Verwandlungsproblemen zu tun. Immer geht es um die Möglichkeiten der Vermittlung von Etwas-Sein und Alles-Werden sowie von Vertraut-Eigenem und Fremd-Anderem. In allen drei Bereichen zeige sich die Sehnsucht des einzelnen Menschen, zur Totalität des ihn umgebenden Lebens zu gelangen. In zweierlei Weise ordne der Mensch Wirklichkeit – egoistisch, indem er das ihm Homogene, Sympathische, Vertraute akzentuiere und alles übrige seinen Eigenzwecken unterordne –, selbstlos, indem er sich in das Unverwandte, Fremde, Feindliche im Sinne einer weitgewordenen Selbstsucht einbegreifen lasse. Das Erotische stellt für Lou Andreas-Salomé einen dritten Ordnungsversuch dar. Hier suchten *zwei Fremdheiten, zwei Gegensätze, zwei Welten* zueinander zu kommen. Der Andere werde geliebt als *Symbol fremder Möglichkeiten und Lebensmächte.*[227]

Das führt zu einem Zustand jenseits aller Differenzierung in Körper – Seele, Ich – Welt, der aber nur intermittierend möglich ist und wieder in Alltagsverfassungen münden muß. In Kunst, Religion und Erotik spielen das Unverfügbare und das Übermächtigtwerden eine große Rolle. Wir könnten diesen Übergang nicht erzwingen – aber letztlich bestimme die Sehnsucht danach all unser Handeln. In *Schaffen, Anbetung und Freude* erlebe sich der Mensch *als nicht gleichdeutig mit der bloßen Stofflichkeit des Sichtbaren*[228], wo die einfachen Gesetze des Herstellens gelten. Lous besondere Not, persönliche Unversehrbarkeit durch Harmonisieren herber Unvereinbarkeiten in der eigenen Lebensgeschichte (abrupte Trennung von Gillot, Familie und Rußland in der Jugendzeit, Verlust Rées, Halbheiten in der Ehe, Trennung von Rilke und Pineles) zu demonstrieren, macht sie besonders sensibel für das Auffinden ganzmachender Kräfte. So liegt eine besondere Stärke ihres Denkens im Aufspüren von Mitteln, die es ermöglichen, was anderen unvereinbar erscheint, dennoch als Entwicklungsprozeß eines Ganzen zu verstehen. Das war ein weiterer Zugang zur Psychoanalyse.

In der Schule bei Freud

Einen ersten Lehrgang in Psychologie hatte Lou Andreas-Salomé bei Nietzsche mitgemacht, einen zweiten in ihrer Beschäftigung mit Ibsens Werken. Von daher sind ihr Grundprobleme des Seelischen vertraut: die Bedeutung des triebartig Drängenden; die Aufgliederung seelischer Verhältnisse in Gegensätze und die Aufgabe ihrer Vermittlung; die Attraktivität extremer Verfassungen wie Rausch und Askese; die Not der kulturbestimmten Verfeinerung (Sublimierung) früher triebnaher Befriedigungen – mit ihrer Gefahr der Vereinseitigung; die Abwandlungs-Probleme des Seelischen in der Entwicklungsgeschichte des einzelnen mit ihren Methoden des Maskierens und Entstellens; die Doppelheiten, Symbolisierungen und damit verbundenen Vieldeutigkeiten. Auch die wichtige Ausrüstung des Psychologen, «Ohren noch hinter den Ohren»[229] zu haben, kennt sie seitdem. Die vielen Diskussionen in Berlin, in Paris, Wien und München haben ihr eigenes Beobachten und Analysieren ebenfalls geformt. Jedenfalls zeugen ihre literarischen Beschreibungen und Analysen sowie ihre Arbeiten über Sexualität, Kunst und Religion von mehr als intuitivem Sachverstand.

Von Göttingen reist Lou häufig nach Berlin, so um die Jahreswende 1906/07, auf Einladung Max Reinhardts zur Teilnahme an Proben und Premieren an den neu gegründeten Kammerspielen. Sie wohnt dann bei ihrer Freundin Helene Klingenberg. Gern spielt sie mit deren Kindern Reinhold und Gerda, denen sie auch Geschichten erzählt. Am Niederschreiben dieser Geschichten hatte sie großes Vergnügen.[230] Die Themen stammten aus ihrer eigenen Kindheit. In *Die Stunde ohne Gott* belebt sie das Rätsel von den zwei verschwundenen Gestalten wieder, welches sie erstmalig ohne Gottes Hilfe hatte lösen müssen.[231] Wenige Jahre später forscht sie erneut dem Sinn ihrer frühesten Erinnerungen nach, dann mit dem Begriffswerkzeug der Psychoanalyse. Bis dahin hatte sie sich literarisch vorwiegend mit den Jugendjahren und ihrem problemreichen Übergang zwischen alten Gebundenheiten und neuer Selbständigkeit befaßt. Die Psychoanalyse versprach nun, die ganze Geschichte in einem neuen Zusammenhang zeigen zu können. Ergebnis war ein neues Bild ihrer selbst und eine damit verbundene neue Lebensgestaltung.

Möglicherweise hatte Lou Andreas-Salomé bereits im Frühjahr 1895

Der psychoanalytische Kongreß in Weimar, September 1911. In der Mitte Sigmund Freud, rechts neben ihm Carl Gustav Jung, sitzend ganz links Poul Bjerre, 5. v. l. Lou Andreas-Salomé

Freud in Wien kurz aufgesucht, aufmerksam gemacht durch Schnitzler oder Pineles. Aber damals war Lou nicht auf eine Selbstanalyse aus, sie hatte gerade das Reisen als Selbstbehandlungsmethode entdeckt. Es war ihr wichtiger, ihren Lebenskreis expandieren zu lassen. Erst 1911, als sie

in Schweden bei der mit ihr befreundeten Reformpädagogin Ellen Key den Nervernarzt Poul Bjerre kennenlernt[232], der gerade an einem Vortrag über Psychoanalyse arbeitet, ahnt sie, was diese neue Psychologie ihr würde bieten können. Im September des Jahres 1911 begleitet sie Bjerre zum psychoanalytischen Kongreß in Weimar. Zurück in Göttingen beginnt sie mit ihrem autodidaktischen Vorstudium der Psychoanalyse, ihren Aufenthalt in Wien vom 25. Oktober 1912 bis zum 6. April 1913 vorbereitend. Freud, der sich offenbar durch das Interesse der bekannten Schriftstellerin geehrt fühlt, antwortet auf ihre Bitte um Teilnahme an den Mittwochabenden und seinem Kolleg[233] umgehend: «Verehrte gnädige Frau. Wenn Sie nach Wien kommen, werden wir alle bemüht sein, Ihnen das Wenige, was sich an der Psychoanalyse zeigen und mitteilen läßt, zugänglich zu machen. Ich habe bereits Ihre Teilnahme am Weimarer Kongreß als ein günstiges Vorzeichen gedeutet. In vorzüglicher Ergebenheit. Ihr Freud»[234]. Karl Abraham hatte Freud zuvor schon mitgeteilt, er kenne neben Lou Andreas-Salomé keinen Menschen mit «einem solchen Verständnis der Psychoanalyse bis ins Letzte und Feinste»[235].

Lous Lebensverhältnisse haben sich in dieser Zeit konsolidiert. Die Beziehung zu Pineles ist gelöst, mit Andreas scheint sie eine entlastetere Form gefunden zu haben. Eine *Art, dem andern nicht en face zu stehen, ja gewissermaßen abgekehrt, blieb uns eigen... Die vollkommene Freiheit, worin so jeder zum Seinen stand, war aber jedem von uns als – ebenfalls – Gemeinsamkeit bewußt... einfache Ehrerbietung gegeneinander, in die wir gemündet, fühlte sich dabei doch wie Besitz und Sicherheit an.*[236] Ihr gemeinsames Haus am Hainberg in Göttingen wird für Lou zum Fluchtpunkt. Ein Hündchen gehört dazu, ein wilder Garten und Hühner. Ihre Räume unter dem Dach haben etwas Höhlenartiges und Laubenhaftes zugleich. Die Wände sind mit blauem Stoff ausgeschlagen, große Bärenfelle schmücken den Boden, einfache Tannenregale und ein großer, fester Arbeitstisch, eine kleine Graphik, das *Liebesbild* des Worpsweder Jugendstilmalers Heinrich Vogeler und kleine Fotos von Rilke umgeben sie. Das hat etwas Stabiles; anders als Rilke hat sie sich trotz allen Reisens einen Ort geschaffen, wo sie sich geborgen weiß, mitten in der Natur. Vor ihren Fenstern bildet das Blattwerk eines großen Lindenbaums eine Art Gardine. Wiedereinkehr in die Zurückgezogenheit wird ihr zum Bedürfnis. Hier erlebt sie den Wechsel der Jahreszeiten. In vielen Briefen beschreibt sie immer neu Knospen, Blüte, Frucht und kahles Gezweig. Die Natur um sie wird zur Folie der Einschätzung des auf Reisen Erlebten. Hat es etwas von dieser unverbrüchlichen Zugehörigkeit und beredten Ausdruckskraft – oder war es nur etwas flüchtig Alltägliches?

Ein Bündel von Motiven führte Lou 1912 zur Psychoanalyse: die eigene Seelenlage; der Wunsch, Rilke besser helfen zu können; die Durchformung liebgewordener eigener Denkfiguren; die Möglichkeit, Nietzsches Psychologie praktisch werden zu lassen; der Anschluß an eine Gemeinschaft; die Ahnung von einer Tätigkeit, die sie in der wirklichen Welt neu verankern würde. *Ursprünglich war es kein anderes Interesse als das ganz neutral sachliche, das sich aufmerksam gemacht fühlt auf Wege zu neuen Quellen. Dann kam aber, belebend und persönlich wirksam, der Umstand*

Liebe. Radierung von Heinrich Vogeler, die in Lous Zimmer hing

hinzu, einer werdenden Wissenschaft gegenüberzustehn und gewisserma-
ßen immer wieder am Anfang zu sein – und dadurch in einem steigend
intimen Verhältnis zu ihren Problemen. Das Dritte und Persönlichste, das
den Ausschlag gab, ist aber ... dieses erstrahlende Umfänglicherwerden
des eignen Lebens durch das Sich-herantasten an die Wurzeln, mit denen es
der Totalität eingesenkt ist.[237]

Am wichtigsten aber wurde für sie die Person Freud. An Freud lernte
sie eine Haltung schätzen, die weder durch *Schönfärberei*[238] noch durch
moralisierendes Ausklammern heikler Phänomene bestimmt war. Seine
rationale Art, sich mit Tatsachen zu befassen, *die exakte Untersuchung des*
jeweiligen Einzelobjekts und Sonderfalles, welches auch immer deren Re-
sultat sein möge. War es doch eben dies, dessen ich bedurfte. Was manchen
zur Ablehnung der durch Freud repräsentierten Haltung führe, sei das
enttäuschte *Bedürfnis, nicht so grundsätzlich in der Schwebe lassen zu*
müssen, was man am liebsten beantwortet sehen möchte. An alles andere,

107

damals noch Anstößige werde man sich gewöhnen, aber an diese Haltung nicht.[239]

Heute ist diese Haltung nur noch denjenigen bekannt, die sich der Psychoanalyse mit Forschungsinteresse zuwenden. Im übrigen verkennt man meist die Psychoanalyse als starre Lehre mit festen Ergebnissen. Man hat ihren Beitrag zum Verständnis des Seelenlebens dem allgemeinen kulturellen Wissen schlicht hinzugefügt und so in besonders aggressiver Art einen Beobachtungs- und Denkstil, der an unseren Grundfesten rüttelt, entschärft.

1912 lag bereits eine große Anzahl wichtiger Arbeiten von Sigmund Freud vor, und es gab einen großen Kreis von Menschen, welche sich mit der Psychoanalyse auseinandersetzten.[240] Der Psychoanalyse geht es nicht um Analyse und Behandlung einzelner körperlicher oder seelischer Störungen. Ihr Haupinteresse gilt der Einsicht in das Funktionieren des «seelischen Apparates»[241], das heißt, auch in das Funktionieren unbewußter Tendenzen des Seelischen. Eine Psychologie von den Zusammenhängen des Verhaltens und Erlebens strebte Freud an. Den Ausgang nahmen seine Untersuchungen an bis dahin von der Wissenschaft nicht gewürdigten Phänomenen, wie den Fehlleistungen und Träumen. Die neurotischen Erscheinungen wie Krampfanfälle, Delirien, Visionen, Zwangsideen und -handlungen suchte er ebenfalls aus seelischen Zusammenhängen abzuleiten. Normale und pathologische Vorgänge folgen nach Freuds Ansicht denselben Regeln. Die psychische Realität mit ihren eigenen Problemen und Gesetzen ist Gegenstand psychoanalytischer Betrachtung. Die Konflikte und das Kräftespiel, welches hinter dem manifesten, beobachtbaren Verhalten steckt, sollen sichtbar gemacht werden. An jedem Vorgang sind Tendenz und Gegentendenz beteiligt, das heißt eine primäre oder direkt auf die Gewinnung von Lust zielende Tendenz wird von einer sichernden und strukturierenden Tendenz auf ihre Bewußtseinsfähigkeit hin eingeschätzt. Dabei werden gewisse Triebregungen sexueller und aggressiver Natur verdrängt, in das Unbewußte zurückgeschoben, wie es häufig in der topologischen Redeweise heißt. Nicht alle Triebregungen, die in der Kindheit auf Befriedigung drängen, können unverändert im Spiel bleiben. Je nach Beschaffenheit des Bildes, das sich eine Kultur vom Menschen macht, werden sie einer Umwandlung unterworfen. Die Triebe sind sozusagen der Explosivstoff, der auf Entwicklung drängende Teil des Seelischen, sie gehorchen nicht den Gesetzen von Zeit und Raum und befolgen auch nicht das Prinzip des ausgeschlossenen Dritten, das heißt sie funktionieren nach außerlogischen Regeln. Daß es ein «Unbewußtes» gibt, wußte man vor Freud auch, aber wie es funktioniert und unser Handeln mitformt, das herausgearbeitet zu haben ist Freuds Verdienst. Dazu gehört die Einsicht in die Mechanismen von Verdrängung, Verkehrung in das Gegenteil, Reaktionsbildung, Sublimierung und vieles mehr. Freud sah seinen Beitrag zu einem neuen Bild vom

Menschen in dem Nachweis, daß das Ich nicht Herr in seinem eigenen Haus, im Seelenleben ist und in dem Aufweis der Prinzipien, die das bewerkstelligen.

In den Gesprächen und im Briefwechsel mit Freud und seinen Mitarbeitern muß sich Lou mit ihrer Neigung zum schwärmerischen Umgang mit der Realität auseinandersetzen. *Meine Augen, noch ganz erfüllt von den vorangegangenen Eindrücken, die an einem primitivern Menschentum* (dem russischen) *wiederzuerkennen glaubten, was tieferhin unser aller unverwischbare Kindlichkeit sei... mußten sich zwingen, davon hinwegzusehen und statt dessen sich mit rationaler Kleinarbeit am gegenständlich Menschlichen abzugeben; sie mußten dies, um sich der Gefahr zu entziehen, in einen bloßen blinden, weil blickblendenden Schwarm zu geraten: in den der ‹angenehmen Psychologie›, aus der kein Zugang zur Wirklichkeit führt, sondern die uns nur in unserm eigenen Wunschgarten herumtummeln läßt.*[242] Das Interesse des Naturalismus und Realismus lebt im psychoanalytischen Denken fort. An Freud fasziniert offenbar, daß er sich beobachtend auf seelische Realität im vollen Umfang einlassen kann, ohne dadurch fassungslos zu werden. Daß gerade Freud, der *Rationalist* und *Naturwissenschaftler*, auf die ungeheure Bedeutung des Unbewußten und Irrationalen in unserer Kulturwelt stieß, was ihn ganz und gar nicht anzog, das nennt Lou ihr *Erlebnis Freud*[243].

Freud spielt in seinen Briefen gelegentlich auf ihren «frohen Optimismus» an, bei Ausbruch des Weltkriegs fragt er: «Glauben Sie noch, daß alle die großen Brüder so gut sind», und erbittet ein «tröstliches Wort».[244] *Ja: Die Sache mit den ‹großen Brüdern›! alle miteinander sind sie rein des Teufels geworden,* entgegnet Lou und fügt tröstend hinzu: *aber das kommt davon, daß Staaten sich nicht psychoanalysieren lassen.*[245] Darauf antwortet Freud, er zweifle nicht daran, daß die Menschheit auch diesen Krieg verwinden werde, aber er wisse sicher, daß seine Altersgenossen die Welt nicht mehr froh sehen werden. Das Traurigste daran ist für ihn, «daß es gerade so ist, wie wir uns nach den von der Psychoanalyse geweckten Erwartungen die Menschen und ihr Benehmen vorstellen sollten... Mein geheimer Beschluß war: da wir die gegenwärtig höchste Kultur nur mit einer enormen Heuchelei behaftet sehen, so taugen wir organisch nicht für diese Kultur. Wir haben abzutreten...»[246]

Mit Ausbruch des Ersten Weltkriegs setzt auch Lou Andreas-Salomé die Erfahrung eines Umbruchs in ihrem Leben an. Die Zäsur, die der Erste Weltkrieg für die europäischen Staaten wie für jeden einzelnen bedeutete, können wir uns gar nicht scharf genug vorstellen. An Ellen Key schreibt Lou, sie werde hinterher, wie auch der Erfolg sein möge, nicht mehr ebenso weiterleben können, *mit derselben unendlich jauchzenden Freude.* Beide hoffen dennoch, daß der Krieg nicht nur den «Todeskampf» einer alten Kulturepoche anzeigt, sondern auch die «Geburtswehen»[247] einer neuen.

Lous erster Brief an Freud, 27. September 1912

Zur russischen Revolution nimmt Lou kritisch-abwägend Stellung. *Als die Sozialrevolutionäre, nach etwa einem Jahrhundert ihrer Wirksamkeit, mit dem Erfolg des Bolschewismus in ihren tragischen Bemühungen an die Wand gedrückt wurden durch übergewaltige Überholungen des bis dahin gemeinsam Erträumten, da kam es, aus der immer gleichen Glaubensinbrunst im Volk, zur Bildung eines dritten Typus: das war der befreite Proletarier, herangeholt zum Mittun an Arbeit und Erfolg, und deshalb – mitten in der neuen Art des Zwanges, in tausenderlei erneutem Elend – doch hingerissen zu einer Orgie williger Tatkraft. Erfuhr doch seine bisherige passive Glaubensergebung den blendenden Augenschein unerhörter Verwirklichungen im Gesamten des volklichen Lebens und der Landesumgestaltung...* Damit verbindet sich ein Problem: *Der Proletarier wird zum natürlichen Gegner seines Bruders, des Bauern, der von alledem vorwiegend nur die Negation erfuhr: Zerstörung seines friedlich primitiven Dorfkommunismus durch politisch-abstrakte Maßregeln, die an seine alte Ergebung und Ergebenheit nicht mehr appellieren konnten, weil sie grundsätzlich gegen Gott und Gottesglauben sich wandten. So sah sich das*

Sigmund Freud

Bauerntum, geschart um seine Glocken und Kreuze, um sein Gottvertreter-tum, gegenübergestellt dem Bolschewismus als dem Teuflischen.[248]

Die Familien ihrer *beiden ältesten Brüder machten in vielen Jahren den Umsturz und die Bürgerkriege in bitterster Not und Drangsal durch.* Selten erreichten ihre Briefe ihr Ziel. Der zweite Bruder Robert fand, von der Beerdigung seines Sohnes auf der Krim zurückgekehrt, sich *daheim nicht nur seiner Stellung, Wohnung, jedes Vermögens und Besitzes beraubt, sondern auf seinem kleinen Landsitz... der Mildtätigkeit seines Hausknechts überwiesen.* Er erhielt mit seiner Familie *ein wenig Raum auf dem Dachstock und mittags eine Kohlsuppe, wenn er ihm auf dem Acker geholfen hatte.*[249]

Trotz der Kriegssituation setzt sich Lou mit Freuds Narzißmus-Aufsatz so gründlich auseinander, als gebe es sonst keine Probleme in der Welt, was Freud ausrufen läßt, sie sei unverwüstlich und scheine nicht der Hemmung zu verfallen, die die anderen ihrer Schöpferkraft in diesen Zeiten beraube.[250]

Der Narzißmus wird für Lou Andreas-Salomé d a s Thema der Psychoanalyse. Vom Narzißmus versteht sie viel. Die Phänomene sind ihr vertraut – aus ihrer eigenen Lebensgeschichte, von Nietzsche her und ebenso durch Rilke. Im Tagebuch 1912/13, im Briefwechsel mit Freud, in eigenen psychoanalytischen Beiträgen, in *Mein Dank an Freud*, in den *Eintragungen* der letzten Jahre, im Rilke-Buch findet sie immer wieder zu diesem Thema. Der Narzißmus wird fast zu einer fixen Idee. Im Alter macht sie sich Notizen zu Anna Freuds Buch «Das Ich und die Abwehrmechanismen» und bemerkt, daß sie wieder auf ihren *Spezialfimmel* kommt.[251]

Primären Narzißmus nennt die Psychoanalyse zu Freuds Zeiten eine Verfassung des Seelischen jenseits aller Gesondertheit in innen-außen, Subjekt-Objekt, Ichtriebe-Sexualtriebe, Selbsterhaltung-Arterhaltung, egoistisch-altruistisch, libidinös-aggressiv. Ausgeprägt ist diese Verfassung zu Beginn der Entwicklung, vor jeder Bindung an Objekte. Bei weiterer Differenzierung des seelischen Apparats kann das eigene Ich dann wie ein Objekt behandelt werden, dem sich die ganze Libido zuwendet; das nennt Freud sekundären Narzißmus. Freud führt als Beispiel für den sekundären Narzißmus den Frauentypus an, der streng genommen nur sich selbst liebt, wie die Katzen und kleinen Kinder. Die Attraktivität dieses Frauentypus sieht Freud darin, daß er sich eine Form der Eigenliebe herausnimmt, welche sich die anderen «kulturgehorsam» versagen. Nach allem was wir von Lou Andreas-Salomés Lebensgang bisher erfahren haben, können wir sie wohl zu dem von Freud beschriebenen Frauentypus zählen.

Die Psychoanalyse gewinnt in Lou Andreas-Salomé einen Interpreten, der das Narzißmus-Konstrukt ins Weltanschauliche übersetzt. Lou betont, Freud habe im primären Narzißmus das seelische Geschehen als den

Victor Tausk

Dingen verwandt geschildert: *Daß wir uns vorerst das eingestehen, womit wir allem eingereiht sind als seinesgleichen, ehe uns lediglich interessiert, wie und wodurch wir uns gründlich genug davon abheben könnten.*[252] Mit einem Ausdruck von Glück bemerkt sie, daß Spinoza der Philosoph der Psychoanalyse sei[253], gerade Spinoza, den sie in ihrer Jugend durch heimlichen Verkauf ihres Schmucks erworben und mit Gillot studiert hatte. Das pantheistische Element hatte sie auch bei Bölsche und Hart wiedergefunden; auch der Monismus des populären Haeckel greift auf Spinoza zurück.

Unter den Psychoanalytikern ist es Victor Tausk, *der blonde Dickschädel* oder das *Brudertier*, der sich mit den Analogien zwischen Spinoza und Psychoanalyse beschäftigt. An seinem Einführungsseminar nimmt Lou im Wintersemester 1912/13 teil und seinen Narzißmus-Vortrag auf dem

Kongreß in München bereitet sie mit ihm zusammen vor. Der fast zwanzig Jahre jüngere Doktor der Juristerei und Medizinstudent gewinnt ihre Liebe. Lou leidet mit ihm darunter, daß sich seine Beziehung zu Freud so unglücklich gestaltet, und versucht eine Zeitlang zu vermitteln. Noch Jahre später, als Freud ihr 1919 die Nachricht von Tausks Selbstmord übermittelt, hält sie zum früheren Geliebten, indem sie den gelungenen Freitod nicht als Ausdruck von Tausks Lebensunfähigkeit, sondern als Stärke, als *Gesundheitsausweis* einschätzt.[254]

In einer Stellungnahme zu Freuds Arbeit «Zeitgemäßes über Krieg und Tod» geht Lou Andreas-Salomé erneut auf das Thema Narzißmus ein: *Wir ruhen eben in einer Allgeborgenheit, aus der uns nur das spitzeste, zugespitzteste Ichtum in Zweifel und Unruhe aufstört. Paradoxerweise bringen wir jedoch auch diesem Ichtum immer wieder unsere Liebe entgegen.* Man erinnert sich, wie sie sechs Jahre zuvor diesen Sachverhalt auf Mann und Weib aufteilte; die Psychoanalyse nötigt sie, sich erneut mit dem Thema der Individuation auseinanderzusetzen.

Im genetisch Frühen, in der Verfassung des primären Narzißmus sieht Lou Wahrheiten, *die unserm allzu kultivierten Ich allmählich abhanden kommen. Ist doch dies Infantile, bis in alle menschlichen Höchstleistungen hinauf, nur eine andersartige Methodik, mit Hilfe des Eros dem Urfaktum besser gerecht zu werden, das uns und die Welt-außer-uns in eins bindet und die Spaltung überbrückbar macht, die uns als Einzelwesen allem sonst scheinbar gegenüberstellte.*[255] Ein zentrales Entwicklungsproblem des Seelischen liegt nun darin, diese Wahrheiten in alle Kultivierung hinüberzuretten bzw. trotz aller Kultivierung immer wiederzufinden. ... *die Kraft zur Sublimation hängt direkt davon ab, bis wie tief sie garantiert ist in diesem Urboden unseres Triebwerks, wie weit dieses wirksame Quelle geblieben ist in dem, was wir bewußt tun oder lassen.*[256]

Im Rahmen des psychoanalytischen Denkens kann Lou ihren Wunsch nach Harmonie wieder aufgreifen, ohne das Konflikthafte leugnen zu müssen: es sind Probleme des Entwicklungsgangs des Seelischen. Der Zug zu All-Macht und All-Einheit sei menschlich wichtig und unausrottbar. Das hatte sie bereits in ihrem Essay über den religiösen Affekt angedeutet. Das Seelische, will es nicht verarmen, braucht solche Verfassungen, in denen *das Ich sich total unabgegrenzt auflöst und aus seinem Subjektsein, aus dem Gegenüber von Ich und Welt herausfällt*[257]. Eigenwillig geht sie mit den psychoanalytischen Funden um. Aber anders als bei manchem seiner männlichen Mitarbeiter ist Freud bereit, auf ihre Anregungen einzugehen. Allerdings bemerkt er scherzend, wenn er nicht über den Narzißmus geschrieben hätte, wäre sie wohl auch zu den ‹Systembauern› abgewandert; gemeint sind Alfred Adler und Carl Gustav Jung, die nach Freuds Auffassung die seelischen Phänomene nicht hinreichend geduldig beobachteten und befragten. Er selbst zog eher das «In-der-Schwebe-Lassen» und Fragmentarische übereilten Synthesen vor. Adler,

Narziß an der Quelle. Gemälde von Caravaggio, um 1598

der seit 1902 an den Mittwochsdiskussionen teilgenommen hatte, trennte sich 1911 von Freud und der Psychoanalyse, um seine eigene Individualpsychologie auszubauen, nach welcher sich die seelischen Zusammenhänge im Spannungsspiel von Minderwertigkeit und Machtstreben organisieren. C. G. Jung brach 1912/13 mit Freud. Nach seiner Einschätzung ließ die Psychoanalyse zu wenig Spielraum für die Würdigung komplexer kultureller Phänomene wie Mythen und Märchen. Lou hielt unverbrüchlich zu Freud und sparte nicht mit Kritik an den Abweichlern.[258]

Es ist amüsant zu lesen, wie Freud in seinen Briefen an Lou – mit durchaus gemischten Gefühlen, aber auch bewundernd – die Art und Weise charakterisiert, in der Lou Andreas-Salomé seine Erkenntnisse synthetisiert. «Ihre Bemerkungen zum Narzißmus nehme ich nicht als Einwände, sondern als Anweisungen, weitere begriffliche und sachliche Aufklärungen zu versuchen. Ich gebe Ihnen recht, ohne die so aufgeworfenen Probleme lösen zu können.» [259] Unwillig reagierte er nur, wenn sie ihrer Neigung zu vorschnellen Vereinheitlichungen erlag, was für Freud soviel hieß wie ‹philosophisch› werden. «Jedesmal wenn ich einen Ihrer begutachtenden Briefe lese, verwundere ich mich über Ihre Kunst, über das Gesagte hinauszugehen, es zu vollenden und bis zu einem fernen Treffpunkt konvergieren zu machen. Natürlich gehe ich nicht gleich mit. Ich verspüre oft so wenig synthetisches Bedürfnis. Die Einheit dieser Welt scheint mir etwas Selbstverständliches, was der Hervorhebung nicht wert ist. Was mich interessiert, ist die Scheidung und Gliederung dessen, was sonst in einen Urbrei zusammenfließen würde.» [260] Die ‹Einheit dieser Welt› bzw. ihrer Welt gehört für Lou Andreas-Salomé offenbar nicht zu den Selbstverständlichkeiten. Deshalb war sie immer wieder genötigt, Möglichkeit und Notwendigkeit des Einheitlichen zu beweisen: ihr *Spezialfimmel* weist auf ihr Spezialproblem, wie Einheit und Differenzierung zu vermitteln seien. Freuds Äußerungen kritischer Art verfehlen ihre Wirkung nicht. Lou antwortet ihm wie eine brave Schülerin: *... ich will jetzt sehr, sehr vorsichtig Schritt für Schritt mitgehen, um mir nichts zu ‹verinterpretieren›.* [261] Während Freud vor weltanschaulichen Auslegungen des Narzißmus zurückschreckte, wie sie Romain Rolland im «ozeanischen Gefühl» als Ursprung der Religion reklamierte, neigte Lou mehr der Position des Dichters zu. Freud sah darin eher ein energieökonomisches Problem des Seelischen. Ein primäres Ichgefühl, in welchem alle Energie versammelt sei, müsse man von der späteren prägnanten Gestalt des Ich unterscheiden, das seine Libido auch den Außenweltobjekten zuwendet.

Die Bruderschaft allen Seins findet Lou Andreas-Salomé abgewandelt ins Wirkliche in der Aufnahme ihrer Person in eine Gemeinschaft, die ihr ihres Ziels wegen vorkam wie Verschwisterung. Das erinnert sie an den Kreis um Paul Rée und mehr noch an *jene Selbstverständlichkeit, womit ich zwischen meinen Brüdern stand – trotz unserer Verschiedenartigkeit doch von gleichen Eltern stammend* [263]. So beginnt für sie trotz ihrer Abreise aus Wien im Frühjahr 1913 – einen großen Strauß Blumen von Freud in den Armen – wieder eine neue Lebensform. Diesmal ist es kein Rückzug in ihre Laubenhöhle; an dieser neuen Gemeinsamkeit hält sie fest. In ihren Briefen drückt sich das im häufig wiederkehrenden «wir» aus: *Wir Armen, nach überall hin Zerstreuten.* [263] Dieses «Wir» besteht jenseits von Harmonisierungszwängen, es sei *schön und eine Freude, auch ‹Brüder› noch in gegenseitigem Kampf zu sehen.* Zwei Jahre vor ihrem Tod schreibt sie Freud, wie gern sie noch einmal in sein Gesicht, *in das Vatergesicht über meinem Leben* schauen möchte. [264]

Bereits im Winter 1914 hatte sie wieder in Wien sein wollen, aber die Kriegssituation zwingt sie zu einer Seßhaftigkeit, die neu für sie ist. Auch mit Rilke wäre sie gern öfter beisammen, aber das läßt sich nicht realisieren. An die Stelle der Reisen in die verschiedenen Länder tritt nun die Analyse als Reise durch seelische Kontinente; etwa ab 1915 führt sie in Göttingen selbständig Analysen durch. Anders als heute gab es in der Pionierzeit der Psychoanalyse kein strenges Curriculum für die Ausbildung eines Psychoanalytikers. Freud führte Gespräche mit Lou, in welchen ihre Lebensgeschichte zum Thema wurde, eine regel-rechte Analyse nach heutigen Vorstellungen hat sie nicht erfahren.

Während Kriegs- und Nachkriegszeit nahm mehr und mehr meine Betätigung innerhalb der Freudschen Tiefenpsychologie die volle Breite meines persönlichen Lebens ein. Nichts gibt es, was kriegsmäßiger vor sich ginge, als das rückhaltlose Aufdecken all des Streitsüchtigen in uns bis an unsere Seelenfundamente... Was geschah denn da –? Nur dies, daß ein Fremder eintrat in das Zimmer, ohne Liebe noch Haß zu empfangen, sachlich eingestellt in diese Arbeit ... Die Jahre gingen hin ... der fremde Mensch blieb.[265] Waren die Reisen der Lou Andreas-Salomé seit Ende des Jahrhunderts eine Methode, sich fremder Realität nach Belieben öffnen und wieder verschließen zu können, so haben nun die Seelenreisen das Ziel, dem fremden Menschen das ihm selbst Fremde und das ihm Vertraute neu zu vermitteln. Im Analysanden ist ihr das Fremde nah, es kann und muß betrachtet, ausgehalten und behandelt werden. Irgendwo *im Inwendigsten* könne sie ihre Patienten *nicht entbehren*, schreibt sie an Freud.[266] Die Psychoanalyse gibt Lou eine neue Möglichkeit, mit den komplizierten und konfliktreichen Verhältnissen im Seelischen umzugehen. Etwas Erneuerndes gehe davon aus, auch sei nirgendwo das Geben und Nehmen so eins wie in der psychoanalytischen Betätigung. *Und die vergangenen Menschen ... an denen man loslassend sündigte, erstehen neu.*[267] Das gilt im Alter auch mehr und mehr ihrem Mann und eröffnet eine neue Perspektive für die Betrachtung ihrer Vergangenheit.

Nicht das Auffinden unbewußter Züge, für sich genommen, sondern der Grenzverkehr zwischen Bewußtem und Unbewußtem beschäftigt sie. Um 1916 scheint ihr die Haltung des Harmonisierens schon ganz fremd. Die Auffassung mancher Analytiker, daß die *höchste Entwicklung* des Seelischen *aus dem hygienisch Harmonischen* hervorgehen solle, kann sie nicht teilen. *Denn mir scheint es doch zu den wichtigen Einsichten innerhalb des Freudismus zu gehören, wie tief grade die wertvollsten Kräfte aus den Ungleichmäßigkeiten der Entwicklungen hervorbrechen.*[268] Zusammen mit Freuds Tochter Anna hat sie sich mit einer besonderen Zuspitzung komplizierter seelischer Verhältnisse beschäftigt, mit den Phantasien eines Kindes, es werde geschlagen.[269] Lou meint, die Schlagephantasien könnten mit der kindlichen Erfahrung besonders liebevoller Zuwendung anläßlich einer Verletzung zusammenhängen. Es könnte den

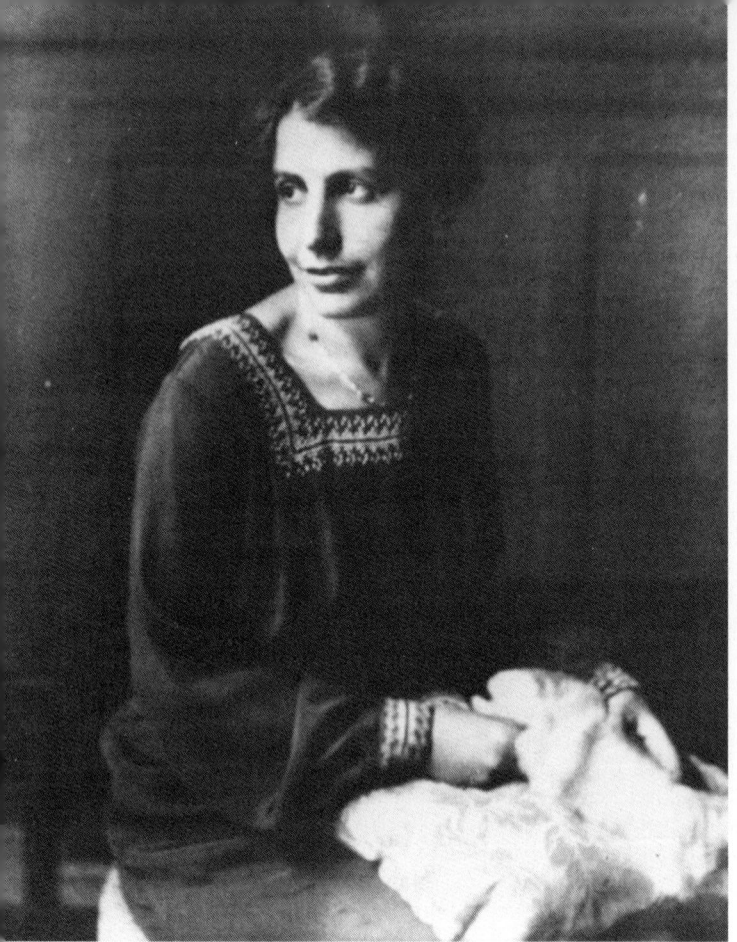

Anna Freud, 1925

*Gefühlsschluß ziehen, daß Weh und Liebe in engsten Konnex gehören, ja
sogar Wehtun und Liebe sich irgendwie unmittelbar folgen –* ähnlich *wie
Sadomasochismus sich eint.* Wenn es dem Mann bei der Defloration nicht
gelingt, *an die Urerfahrung der Gleichung ‹Liebe = Schmerz› zu rühren,
die masochistische Wonne zu wecken ... dann erwacht stattdessen dies älteste Wissen daran, daß einstmals der Schmerz nur das Mittel war unsere
Selbstliebe zu wecken, zu emotionieren, und die tritt dann nun ablehnend
in Aktion* und bringt in dem *S c h e i n v o n Z w e i e n* alles unter.[270]

Von hier aus fällt nun ein Licht auf eine frühe Erinnerung wie auch auf
das Verhältnis zu Andreas. Der Vater hatte sie einst bei einer zärtlichen

118

Rilke in Moskau. Bleistiftskizze von Leonid Pasternak

Umarmung mit einer glühenden Zigarette verletzt, was ihn zum Weinen brachte.[271] Das ist zumindest eine Deckerinnerung, die auf die Gleichung Liebe – Schmerz hinweist. Die Untrennbarkeit von Liebe und Schmerz provoziert Sehnsucht und Abwehr zugleich. Dieser Komplex kehrt in Lous kritischen Schriften über Ibsen, Nietzsche, Rilke wie auch in ihrem erzählerischen Werk häufig wieder.

Das gleichzeitige Erleben gegenläufiger Gefühle erweitert und steigert seelische Bewegtheit. Beim Lesen ihrer Erzählungen gerät man häufig in einen merkwürdigen Schwebezustand des lustvollen Mitleidens, ähnlich wie in Schnitzlers Novellen. In der postum veröffentlichten Erzählung

Amor geht das so weit, daß es im Grunde gar keine Handlung mehr gibt, sondern nur das kommentierte Erleben eines Zwischenzustands, der an Lous Wendung des Im-Übergang-stecken-Bleibens erinnert. Entstehen und Vergehen der Liebe mit den Extremen der überreizten und übertriebenen Liebe, *die als fußwaschender Engel figuriert,* und der *Liebe als Mordgeselle, als Bestie* werden erinnernd durchfühlt, *eine bange, zitternde Liebe, von der tausend Nerven fort und fort vibrieren und an der jeder zarteste Nerv Sehnsucht nach Sonne und Furcht ist, zu sterben.*[272] Auch in der letzten Erzählung *Jutta* bleibt diese Struktur erhalten. Die ganze Erzählung zerdehnt die Problematik des Zueinanderstrebens, das in sich zugleich eine Wendung des Auseinanderstrebens enthält. 1934 notiert sie, absolute Dauer im Erotischen hätte ihr Schrecken eingeflößt: *... ein Absetzen elementarischen Durchbruchs gerade infolge seiner Intensität – wenn sie nicht etwa getötet hat (worauf sie ja fraglos ausgeht) – trat mir als das schlechthin Naturgegebene ins Gefühl.*[273] Die Stärke der Schriftstellerin Lou Andreas-Salomé liegt im Beleben solcher alles Vernünftige übersteigenden Seelenzustände.

So finden auch die Verhältnisse in der Neurose ihr besonderes Interesse. *Weißt Du,* teilt sie Rilke mit, *das ist auch eine Erkenntniß deren Kommen mir mächtig war in den letzten Jahren: daß alle Neurose ein Wertzeichen ist, daß sie bedeutet: hier wollte jemand bis an sein Äußerstes, – d a r u m entgleiste er eher als andere, – sie, die Gesundgebliebenen, waren gegen ihn einfach die Vorliebnehmenden. Jetzt frage ich mich nicht mehr beim Kranken: wodurch erkrankte er? sondern auch, nicht minder argwöhnisch, beim Gesunden: wodurch blieb er gesund? – um welchen Preis?*[274] Die sogenannten gesunden Kandidaten, die sie aus Lehranalysen kennt, werden ihr geradezu suspekt, und sie sieht es als gutes Zeichen an, wenn sie *sich ihrer vorsichtig, umsichtig eng-erhaltenen Gesundheit ein bischen schämen oder wenigstens eine neue Ehrfurcht lernen*[275] vor komplizierteren Seelengebilden. Ihre eigene Abwendung vom Harmonisieren zeigt sich auch Rilke gegenüber. Neben dem demonstrierten Glück und demonstrierter Überlegenheit in Verständnis und Gestaltung allgemeiner Lebensaufgaben findet sich schließlich eine Form gelassener Ehrlichkeit. Resignation, gelegentlich auch Trauer müssen vor ihm nicht mehr geheimgehalten werden. Die volle menschliche Ehrlichkeit sei im Künstlerischen besonders wichtig, *ohne sie verlöre man diese Zuflucht in sich selbst. Die einzig untrügbare.*[276] In den Briefen bis zu Rilkes Tod im Jahre 1926 kommt es wieder zu einer Gemeinsamkeit, die sich zwar in zwei verschiedene Lebenswege verzweigt hat, aber doch nicht zerfallen kann. Nach ihrer Trennung (1901) entdeckt Lou Andreas-Salomé in Rilke den Menschen, der ihr im Innersten vertraut ist. In seinem Seelenleben kennt sie sich bald besser aus als in ihrem eigenen. Eigen und fremd scheinen im Verhältnis zu Rilke aufgehoben. Er brauche gar nicht zu schreiben – sie sei doch bei ihm, habe mit ihm gelebt inzwischen, um ihn gebangt, mit ihm geschaut und erlebt.[277] Was ihr wichtig ist, wie sie vertraut ist mit Natur-, Menschen- und Gottes-Dingen – das erfährt durch Rilkes Leiden und Können hindurch angemessenen Ausdruck. Ein *Glückspilz*[278] sei er mit diesem Besitz. Häufig sieht das aus wie eine Beziehung zwischen Mutter und Kind, *mein lieber, lieber Junge*[279], heißt es dann, oder auch *Herzchen*. Dann wieder sieht es aus wie eine Liebesbeziehung.

Während Rilke gelegentlich unter der räumlichen Trennung leidet, betont Lou Andreas-Salomé eine Nähe, die jenseits von Raum und Zeit liegt. Sicher hätte auch sie etwas verloren, hätte Rilke einer psychoanalytischen Behandlung zugestimmt. Ihm öffnet sie sich stärker als irgendeinem anderen Menschen. 1913 schreibt sie ihm aus Wien vom Tod ihrer Mutter: *Ich sage es Niemandem hier, ich will nicht darauf angesprochen werden wie auf einen Todesfall.*

Eigene, besonders leidvolle Erfahrungen verbirgt sie lieber vor anderen. Wenn Rilke in Göttingen zu Besuch ist oder wenn sie sich in Paris oder München treffen – so gibt es im Grunde danach keine Trennung mehr. Der Abreisende bleibt anwesend, da er den Dingen, der Landschaft, selbst den Menschen des näheren Umgangs seinen Glanz verlieh. Und das bleibt für Lou Andreas-Salomé auch nach Rilkes Tod so.

Einsam – Gemeinsam

Das Verhältnis zu Freud gewinnt mit den Jahren mehr und mehr privaten Charakter. Lou erhält einen goldenen Ring mit römischer Gemme, wie Freud sie seinen verläßlichen Anhängern zu schenken pflegt. Das heißt jedoch nicht, daß sie nun ihr Privatleben vor ihm ausbreiten würde. Persönlicher gestaltet sich das Verhältnis zu Anna, der Tochter Freuds, welche Lou Andreas-Salomé häufig in Göttingen aufsucht – nicht nur um über Psychoanalyse zu sprechen, sondern auch über ihren eigenen Lebensentwurf, über «Papa» als Privatperson, über das Pilzesammeln in der Kinderzeit und ähnliche Erinnerungen. 1921 ist Lou bei Freuds zu Besuch in deren Wohnung in der Berggasse 19. Anna und Lou sind unzertrennlich wie zwei junge Mädchen. Vor ihrem Besuch war Lou an einem fieberhaften Infekt erkrankt, hatte all ihr Haar verloren und sah nun wie *ein altes Weiberl mit Häubchen* aus. Grimm über körperliches Gebrechen, Resignation, aber auch der Versuch, das Alter humoristisch zu nehmen, und der Gewinn einer neuen Gelassenheit charakterisieren ihre späten Lebensjahre. Anna begleitet sie zu ihren alten Wiener Freunden, zu Beer-Hofmann, Salten und Schnitzler. Zu Pineles geht sie allein. Die Vormittage verbringt sie bei Anna, von ihr eingewickelt in eine Wunderdecke, während Anna beim Ofen hockt.[280] In den Pausen zwischen den Analysestunden gesellt sich Freud hinzu. Das geht bis spät in die Nacht so. Zurück in Göttingen sehnt sich Lou nach dieser Atmosphäre der Geborgenheit mit ihren interessanten Gesprächen und gemeinsamen Interessen.

Sie leidet unter den durch Krieg und Kriegsfolgen veränderten Lebensbedingungen. Es fehlt an allem, an Geld zum Reisen wie zur Aufrechterhaltung eines minimalen Lebensstandards. *Eins kommt zum Andern, bis man sich fragt, aus welcher Freude man noch leben kann.* Wie bedrückend diese Zeit für sie ist, zeigt ihre Betroffenheit beim plötzlichen Tod ihres Hündchens. Die belastende Erfahrung von Krieg, Inflation, Tod und Vergänglichkeit sucht Lou durch Arbeiten zu bewältigen. Anders als in der Jugend bezieht sich das Arbeiten nun auf konkrete Menschen und die Bewältigung der Lebensnot. Lou Andreas-Salomé entdeckt im Alter den praktischen Menschen in sich und freut sich am Wechsel dieser Art Arbeit mit ihrer schriftstellerischen und wissenschaftlichen. Aber das al-

Wien, Berggasse 19: das Haus, in dem Freud wohnte und praktizierte

les sei nicht mit Rilkes Arbeit zu vergleichen. Mit anklingender Trauer darüber, daß ihr dasselbe versagt blieb, freut sie sich an Rilkes Können: *Man könnte wohl fragen, wozu in aller Welt man lebt, als vielleicht, einmal, etwas dergleichen zu erfahren* (das Verlassene wiederfinden mit Gefühlen von Unheimlichkeit und Heimatlichkeit), *und so bewußt daß es Ausdruck finden kann.*[281] Das Eins-Werden mit Welt und Wirklichkeit im Erlebnis und dessen schöpferische Nachgestaltung, das bleibt für Lou Andreas-Salomé das Höchste, und anders als auf der russischen Reise kann sie Rilkes dichterisches Vermögen nun voll akzeptieren und bewundern.

1919 schreibt sie voller Beunruhigung an Rilke, sie sollten das Wiedersehen nicht länger aufschieben, möglicherweise könne sie überhaupt nur noch in diesem Jahr von zu Hause fort – aber *wie soll es nur werden mit*

Wohnen (und Heizen und Essen)? Alles noch erschwert durch den mangelhaften Geldbeutel.[282] Das Treffen kommt zustande, da Rilke sie einladen kann. Lou kann nun offen eingestehen, daß sie ihn braucht. *Du schenktest mir ein Stück Leben und ich brauche es noch inbrünstiger als Du weißt,* zugleich bemerkt sie, als wüßte sie, ihn das letzte Mal gesehen zu haben, *Lieber Rainer, – nun ist es aus, und ich seh Dich nicht mehr... nicht einmal gesagt habe ich Dir, was es mir gewesen ist...*[283] In seiner Gegenwart hätte sie es nicht aussprechen können. Offenbar fällt es ihr schwer, sich dem anderen en face zu öffnen. Weilt er dagegen in der Ferne, scheint er einer literarischen Phantasiefigur verwandt, und die Worte können sich in vollem Überschwang entfalten. Was man so ‹dem Leben gewachsen sein› nenne, das sei sie gewißlich nie gewesen, *ich fing offenbar gar nicht erst damit an, und nur dies freche Stück Infantilismus erhielt mich fröhlich. Du, stürbe man nicht am Alter, so stürbe man an Wehmuth.*[284]

1922 arbeitet Lou so viel, bis zu zehn Analysestunden täglich, daß Freud von einem schlecht verhüllten Selbstmordversuch spricht.[285] Einerseits macht ihr die Arbeit Vergnügen und verleiht ihrem Leben Sinn. Häufig tauscht sie sich mit Freud über ihre Analysanden aus, sieht neue Zusammenhänge und fühlt sich durch den brieflichen Austausch nicht so allein. Ein anderes Arbeitsmotiv ist die *eigene Schuldenlage.* Dennoch nimmt sie auch Analysanden an, die nicht zahlen können. Daß die Analyse mit Geld zu tun hat, ist ihr eher peinlich. 1925 schickt Freud eine wohlhabende Patientin und droht mit Abwendung, wenn sie nicht das entsprechende Honorar fordert.[286] Auch bindet sie ihre Analysanden zuweilen stärker, als das psychoanalytische System es gestattet. Einmal ergreift sie so vehement Partei für eine Patientin, daß Freud schreibt: «Sie sind keine hilfreiche Tante, sondern ein Therapeut, der nur arbeiten kann, wenn man ihm die verlangten Bedingungen gewährleistet. Damit Schluß.»[287]

Offenbar werden die Analysanden im Alter für Lou immer wichtiger. Manchmal spürt sie, wie sich ihre eigene Verfassung angenehm verändert, wenn sie den jeweiligen Fall ganz zu erfassen und dem Menschen zu helfen bemüht ist. Dabei werde sie ihm mehr und mehr gut gesinnt. *Diesen leisen Fortschritt in mir selbst kenne ich und er gehört für mich zu den erwärmendsten Freuden; denn an mir selbst bin ich ein kaltes, altes Tier das nur Wenigen anhängt; eben drum so dankbar dafür, innerhalb der Psychoanalyse so warm abzufließen.*[288] 1923 schreibt sie Rilke von den Problemen des Gelderwerbs, der bald kaum noch möglich sein werde. Die durch den Weltkrieg bewirkte Not der Menschen war auch in Deutschland mit dem Ende des Kriegs nicht vorüber. 1923 erreicht die Inflation ihren Höhepunkt: ein Dollar entspricht etwas mehr als vier Billionen Mark. Kostete ehemals eine Analysestunde 50 Mark, so sind es jetzt bereits 3000 Mark. *Deshalb werde ich im Sommer vielleicht wieder fortmüssen ... da mir in Königsberg angeboten worden ist, am Chefarzt der*

Friedrich Carl Andreas

dortigen medizinischen Internistenklinik sowie an seinen Assistenten Analysen zu machen, um diese Gesichtspunkte auch für die medizinischen Behandlungen zu erschließen.[289] Der Brief trägt nun die Unterschrift *Deine alte Lou.* Seit Anna Freuds Besuch in Göttingen schickt Freud mehrfach Geld in stabiler Dollarwährung.

Das Häuschen um uns zerfällt friedlich und ohne Mißmut, die Zimmer-

wände verbleichen mit uns, nur daß die entfärbten Stoffe allmählich einen Goldton annehmen, wir hingegen einen eisgrauen.[290] Erst durch den Besuch bei Freud kann sie wieder fühlen, daß *trotz allem und allem das Leben eine famose Sache ist.*

Eine andere Seite des Alters hat mit Andreas zu tun. Häufiger erwähnt sie ihn nun in ihren Briefen, spricht von der Freude an ihres *Alten Rüstigkeit,* der auf die Achtzig zugeht, *in's Alter wachsend wie in ein Land, wie die Wildkreatur wenn sie langsamer durch ihren Wald geht; und lieb und gut ist er wie ein Land das nur südlicher wird*[291]. Vom Kampf um den Lebensunterhalt und der Verbreitung der Psychoanalyse aus Königsberg zurückgekehrt, bemerkt sie 1923, die halbjährige Trennung von ihrem Mann sei vielleicht zu lang für ihn gewesen, sie werde deshalb am Psychoanalytiker-Kongreß in Salzburg nicht teilnehmen[292]; eine Versagung, die ihr nicht gerade leichtfällt. Ein andermal heißt es, Andreas verwöhne sie ungeheuerlich, und sie lasse es sich ganz und gar gefallen.[293] Ein Krankenhausaufenthalt Lous rückt für sie eine bis dahin so nie erfahrene Gemeinsamkeit mit Andreas in den Blick. *Von meinem Befinden will ich diesmal erzählen, daß ich noch immer ein Schmerzensreich bin, oft auch nachts, nur ist es ja so gar nicht erfreulich es zu sagen oder anzuhören*[294]; Freud hatte Lou ausdrücklich gebeten mitzuteilen, wie es ihr geht, von sich aus schriebe sie ja nichts darüber. Während Krankheit und Rekonvaleszenz erlebt Lou eine angenehme *Sammlung infolge des regungslosen Körperruhens* und eine neue Nähe zu ihrem Mann. Beide entdecken erstmalig, wieviel sie einander zu erzählen haben, und fragen sich wohl auch, warum sie sich dafür nie Zeit gelassen haben.[295] Rührend erschien Freud ihre Entdeckung an ihrem «alten Herrn ... so dauerhaft beweist sich doch nur das Echte»[296].

Es gelingt Lou Andreas-Salomé, dem Alter eine positive Seite abzugewinnen. Fast habe sie befürchten müssen, ihr Alter setze zu spät ein, physiologisch erst mit 60 Jahren, um noch Zeit zum Auskosten seiner spezifischen Vorzüge zu lassen. In der Frühlingssonne sitzend, stellt sie gemeinsam mit Anna fest, daß es doch auch seine Sonnenseiten habe, die man sonst nicht ebenso zu spüren bekomme. *Bei mir geht es ja in der Tat so weit, daß ich noch immer geradezu neugierig bin, was im Wunderknäul ‹Leben› es wohl noch alles abzustricken geben wird, so daß die drein eingegarnten Überraschungen einem dabei in den Schoß fallen. Doch gebe ich das fast idiotisch Infantile dieser innern Einstellung unumwunden zu,* weshalb sie sich eine Art *Glücks-Idiotie* attestiert.[297] Das Alter erlebt sie als Gewinn an Weite. Ähnlich wie in der Kindheit erfahre man die ganze ursprüngliche Identität mit so vielem, nun jedoch *gesättigt mit den zwischenliegenden Erfahrungen und dadurch in bewußterm Besitz.* Nur der Körper, welcher in der *Jugend Liebesbrücken bauen half,* der werde beständig hinderlicher und bleibe bis zuletzt *unser Außenstück – hol ihn der Teufel.*[298]

Lou Andreas-Salomé, 1934

Mit Andreas' Tod im Oktober 1930 beginnt eine Zeit wirklicher Einsamkeit. Freud fragt, welche Rolle ihren Freunden bei einer möglichen Umgestaltung ihres Lebens zufallen könne, aber Lou will in Göttingen bleiben. *Hier bleibt alles, wie es war; hier umstehen mich die Räume und Dinge und Menschen, die auf ihn eingestellt waren, und hier will ich selber zu Ende gehen.*[299] Andreas' uneheliche Tochter Marie lebt im Haus und hält es in Ordnung. Die Arbeit hilft Lou auch, mit Andreas' Tod fertig zu werden. Ihre Sehnsucht gehe auf ihre *Berufsarbeit*[300], aber unter den Analysanden ist leider niemand, der Geld hat. Freud läßt ihr 1000 Mark von seinem Goethe-Preis zukommen.

Von Hitlers Machtübernahme an wird die Psychoanalyse als jüdisch-kulturbolschewistisch-sexualistische Psychologie verfolgt, und es gehört ein großes Maß von Zivilcourage und Leidensdruck dazu, wenn man wagt, einen Psychoanalytiker aufzusuchen. In ihren *Eintragungen* von 1934 vermerkt Lou lediglich, daß an *Druckenlassen* des Geschriebenen nicht zu denken sei, *seitdem die Interessen der Menschen hier an bestimmte Richtlinien und Politisches gebunden sind...*[301], und sieht darin eine Möglichkeit des privaten Arbeitens, was ihrer *begehrten Anonymität* und ihrer *Abwehr gegen jedwede Öffentlichkeit* entgegenkommt. *Das einzig sichere Mittel der Verzweiflung zu entgehen,* besteht für sie darin, *außerhalb des faktischen Daseins ... seinen Standpunkt zu nehmen.*[302]

Vereinzelte Besuche erhält Lou in den letzten Jahren von Anna Freud, von dem Psychoanalytiker Heinrich Meng, von der in der Frauenbewegung führenden Schriftstellerin Gertrud Bäumer und dem Begründer der Psychosomatik Viktor von Weizsäcker, den ihr Freud-Buch so sehr ansprach, daß er diese Frau persönlich kennenlernen mußte, die offenbar die Psychoanalyse «tief genug begriffen hatte und doch eine eigene Persönlichkeit geblieben war»[303], was Weizsäcker als seltenen Fall einschätzte.

Die letzten Bücher der Lou Andreas-Salomé sind im Grunde Gespräche – einmal mit Rilke nach dessen Tod, zum andern mit Freud. Ausgedehnte Gespräche führt sie auch mit sich selbst, indem sie den Freunden ihrer letzten Lebensjahre Ernst Pfeiffer und Josef König ihre Lebensgeschichte erzählt. Nach Andreas' Tod arbeitet sie am *Grundriß* ihrer Lebenserinnerungen, einem Rückblick auf bedeutsame *Erlebnisse*: Das Erlebnis Gott, Gillot, Familie, Rußland, Paul Rée, die Zeit *unter Menschen* in Berlin, Paris, Wien, München sowie das Erlebnis Rilke. Andreas wird kaum erwähnt. In einem Nachtrag wird die Art der Darstellung überschwenglicher, was Rilke und Freud angeht; Andreas' Persönlichkeit, die nun in einem eigenen Abschnitt gewürdigt wird, erscheint demgegenüber aus neutraler Perspektive ‹objektiv› analysiert. 1933 ergänzt sie, *was am Grundriß fehlt.* Jetzt fragt sie danach, was Andreas ihr bedeutete – vermutlich war dieser Abschnitt nicht für den Druck bestimmt –; aber sie findet keine Antwort. In dem für den Druck bestimmten Teil bemüht sich Lou, einen Grundriß im Durchschreiten ihres Lebenslabyrinths herauszugestalten. In der Ergänzung dagegen gerät das Labyrinthische selbst in den Vordergrund. Thema ist, *was im Jahr darauf und immer drängender sich mir selbst erzählt hat an eigenen unberechenbaren Lebenserinnerungen: an jenen menschlichen Wiederholungen des Vergehenden, die wohl*

*Das Grab des Ehepaares, Stadtfriedhof Göttingen. Auf dem
Gedenkstein steht bis heute nur der Name des Mannes*

nicht zufällig erst im Alter uns ganz einholen, als bedürften sie langen Weges dazu, um das für uns Unvergängliche an ihnen uns darzutun.[304]
   Dem Menschen bleibe das Dasein *ein Vexierbild: hält es doch uns selber
mit eingezeichnet in sein offenes Geheimnis*[305]. Lou Andreas-Salomé starb
zwei Jahre nach einer Krebsoperation am 5. Februar 1937 in ihrem Haus
Loufried. Kurz vor ihrem Tod stellte sie überrascht fest, sie habe eigentlich immer gearbeitet – warum nur?[306]

Anmerkungen

LRB: Lou Andreas-Salomé, Lebensrückblick. Grundriß einiger Lebenserinne-
rungen, hg. von Ernst Pfeiffer, Frankfurt/M. 1968
Kampf um Gott: Lou Andreas-Salomé (Henri Lou), Im Kampf um Gott, Leipzig–
Berlin 1885
Ibsen: Lou Andreas-Salomé, Henrik Ibsens Frauen-Gestalten, nach seinen sechs
Familiendramen, Jena 1910
F. N.: Lou Andreas-Salomé, Friedrich Nietzsche in seinen Werken, Frankfurt/M.
1983
Fenitschka: Lou Andreas-Salomé, Fenitschka. Eine Ausschweifung. Erzäh-
lungen, Frankfurt/M.–Berlin–Wien 1983
Schule bei Freud: In der Schule bei Freud, Tagebuch eines Jahres (1912/13),
Frankfurt/M.–Berlin–Wien 1983
Eintragungen: Lou Andreas-Salomé, Eintragungen – Letzte Jahre, hg. von Ernst
Pfeiffer, Frankfurt/M. 1982
Dokumente: Friedrich Nietzsche, Paul Rée, Lou von Salomé. Die Dokumente
ihrer Begegnung, Frankfurt/M. 1970
RMR – Lou Briefw.: Rainer Maria Rilke – Lou Andreas-Salomé, Briefwechsel,
hg. von Ernst Pfeiffer, Zürich–Wiesbaden 1952
S. F. – Lou Briefw.: Sigmund Freud – Lou Andreas-Salomé, Briefwechsel, hg. von
Ernst Pfeiffer, Frankfurt/M. 1966

1 Angela Livingstone, Lou Andreas-Salomé. Her Life (as Confidante of Freud, Nietzsche and
Rilke) and Writings (on Psychoanalysis, Religion and Sex), London and Bedford 1984, S. 204
2 Albert Soergel, Dichtung und
Dichter der Zeit. Eine Schilderung
der deutschen Literatur der letzten
Jahrzehnte, 1. Buch, Leipzig 1911,
S. 316
3 LRB, S. 59f
4 Lou Andreas-Salomé, Ródinka.
Russische Erinnerung, neu hg. v.
Ernst Pfeiffer, Frankfurt/M. 1985,
S. 30
5 LRB, S. 60
6 Ebd., S. 45
7 Ebd., S. 60f

8 Lou Andreas-Salomé, Von frühem Gottesdienst, in: Imago, II:5,
Okt. 1913, S. 458
9 Erschienen Jena 1921
10 LRB, S. 61
11 Lou Andreas-Salomé, Von frühem Gottesdienst, a. a. O., S. 460f
12 LRB, S. 14ff
13 Ebd., S. 12
14 Ebd., S. 13
15 Ebd., S. 19
16 Ebd., S. 61
17 Ebd., S. 48
18 Ebd., S. 61f
19 Ebd., Anmerkungen, S. 221
20 Lou Andreas-Salomé, Von frühem Gottesdienst, a. a. O., S. 463
21 Alexander Herzen, Vom anderen
Ufer, München 1972

22 Isaiah Berlin, Russische Denker, Frankfurt/M. 1981

23 Janko Lavrin, F. M. Dostojevskij, Reinbek 1973, S. 41

24 Max Stirner, Der Einzige und sein Eigentum, Privatausgabe, veranstaltet von John Henry Mackay, o. O. 1911

25 LRB, S. 62

26 Ibsen, S. 154 f

27 LRB, S. 30 f

28 Ebd., S. 31

29 Ebd., S. 13

30 Ebd., Anmerkungen, S. 247

31 Ebd., S. 55

32 Ebd., Anmerkungen, S. 238 f

33 Malwida von Meysenbug, Memoiren einer Idealistin, Berlin–Leipzig 1927

34 Dokumente, S. 85

35 F. N., S. 119, vgl. auch LRB, Anmerkungen, S. 231; Rées Werke «Der Ursprung der moralischen Empfindung» (1877), «Die Entstehung des Gewissens» (1885) und «Die Illusion der Willensfreiheit» (1885) sind Materialsammlungen zur Stützung eines entschiedenen skeptischen «Réealismus».

36 Friedrich Nietzsche, Zur Genealogie der Moral, Leipzig 1930, S. 386

37 Eintragungen, S. 13

38 Brief von M. von Meysenbug an F. Nietzsche vom 27. März 1882, in: Dokumente, S. 104

39 Brief von F. Nietzsche an P. Rée vom 21. März 1882, in: Dokumente, S. 100

40 Brief von P. Rée an Lou von Salomé vom 15./16. Aug. 1882, in: Dokumente, S. 217

41 LRB, S. 91 u. Anmerkungen, S. 274 (Brief an Rilke vom 12. Dez. 1925). ... *mir selbst war ja erst nach unserm persönlichen Verkehr das geistige Bild Nietzsches recht aufgegangen an seinen Werken*, in: LRB, S. 86

42 LRB, S. 76

43 Ebd., S. 78; Nikolai G. Tschernyschewski, Was tun? Aus Erzählungen vom neuen Menschen, Berlin–Weimar 1986, S. 54; Lous Verteidigung erinnert an die Haltung der Werotschka in Tschernyschewskis Roman «Was tun?»: «Ich will nur das tun, wozu ich Neigung habe, mögen andere ebenfalls das tun, wozu sie Neigung haben! Ich verlange von niemandem etwas, ich will niemand in seiner Freiheit beschränken, ich will aber auch selbst frei sein.» Lou Andreas-Salomé äußert sich zu Tschernyschewskis Roman auch in ihrem Artikel: «Russische Dichtung und Kultur», II, Cosmopolis, 5, 1897, S. 876

44 LRB, S. 80

45 Friedrich Nietzsche, Menschliches, Allzumenschliches, Leipzig 1930, S. 3

46 Friedrich Nietzsche, Die Fröhliche Wissenschaft, Leipzig 1930, S. 7 f

47 Heinrich Rickert, Die Philosophie des Lebens, Darstellung und Kritik der philosophischen Modeströmungen unserer Zeit, Tübingen 1920

48 Ebd., S. 23

49 Otto Friedrich Bollnow, Die Lebensphilosophie, Berlin–Göttingen–Heidelberg 1958, S. 56

50 Peter Pütz, Friedrich Nietzsche, Stuttgart 1975, S. 26 f und F. N., S. 159

51 Karl Jaspers, Nietzsche und das Christentum, Hameln 1938, S. 71

52 Lou Andreas-Salomé, Tagebuch für P. Rée, Tautenburg 14. Aug. 1882, in: Dokumente, S. 183

53 LRB, S. 81

54 LRB, Anmerkungen, S. 240

55 Brief von F. Nietzsche an P. Gast vom 13. Juli 1882, in: Dokumente, S. 159

56 Brief von F. Nietzsche an Lou von Salomé, Anfang Dez. 1882, in: Dokumente, S. 264

57 Lou von Salomé, Tagebuch für P. Rée, a. a. O., S. 181

58 Ebd., S. 182 f

59 LRB, S. 84

60 Ebd., S. 85
61 Brief von F. Nietzsche an Lou von Salomé, etwa 1. Sept. 1882, in: Dokumente, S. 225
62 Brief von F. Nietzsche an Lou von Salomé, vermutl. 16. Sept. 1882, in: Dokumente, S. 231
63 Lou Andreas-Salomé, Lebensgebet, in LRB, S. 40
64 F. Nietzsche, Briefentwurf Lou von Salomé betreffend, in: Dokumente, S. 262 f
65 LRB, S. 87
66 Ebd., S. 91; Georg Brandes, der dänische Literaturkritiker, gehörte ebenfalls zu dem Zirkel um Lou und Rée; er lebt von 1879 bis 1883 in Berlin; eine Rezension von Lous Nietzsche-Aufsätzen in der «Vossischen Zeitung» hat er seinem Nietzsche-Essay in «Menschen und Werke», Frankfurt/M. 1894 angefügt.
67 LRB, S. 86
68 Ebd., S. 90
69 Ebd.
70 Ebd., S. 87 f
71 Kampf um Gott, S. 170
72 Ebd., S. 148
73 Ebd., S. 190
74 Ebd., S. 180
75 Ebd., S. 181
76 Ebd., S. 283
77 Ebd., S. 175
78 Ebd., S. 160 f
79 August Strindberg. Am offenen Meer, 1. Aufl. 1890, Berlin 1919
80 Kampf um Gott, S. 242
81 Ebd.
82 Herrmann Bahr, Zur Überwindung des Naturalismus. Theoretische Schriften 1887–1904, hg. von Gotthard Wunberg, Stuttgart–Berlin–Köln–Mainz 1968, S. 51
83 Brief von F. Nietzsche an H. v. Stein von 15. Okt. 1885, in: Dokumente, S. 362
84 Brief von E. Rohde an F. Overbeck vom 8. Mai 1891, in: Dokumente, S. 503
85 Lou von Salomé, Tagebuch für P. Rée, Tautenburg 21. Aug. 1882, a. a. O., S. 190
86 Heinz F. Peters, Lou. Das Leben der Lou Andreas-Salomé, München 1964, S. 154 f
87 LRB, S. 203
88 Ebd., S. 202 f
89 Ebd., Anmerkungen, S. 288
90 Soergel, a. a. O., S. 160
91 Otto Brahm, zit. in: Soergel, a. a. O., S. 207 f
91a Ibsen, S. 1
92 LRB, S. 206
93 Ibsen, S. 3
94 Ebd., S. 5
95 Ebd., S. 6
96 Ebd., S. 9
97 Ebd., S. 11
98 Ebd., S. 12
99 Ebd., S. 15
100 Ebd., S. 14
101 Ebd., S. 114 f
102 Ebd., S. 116
103 Ebd., S. 121
104 Das erinnert an die psychoanalytische Art der Behandlung.
105 Ibsen, S. 136
106 Ebd., S. 137
107 Ebd., S. 138
108 Ebd., S. 139 f
109 Ursula Ratz, Georg Ledebour. 1850–1947. Weg und Wirken eines sozialistischen Politikers. Berlin 1969
110 Cordula Koepcke, Lou Andreas-Salomé, Frankfurt/M. 1986, S. 165
111 Bruno Wille wollte «das Beste des sozialen und des liberalen Gedankens vereinen … dessen Ziel … Herrschaftslosigkeit war (Soergel, a. a. O., S. 596). Das Interesse der Arbeiter bekundete sich in ihrem zahlreichen Erscheinen auf der Gründungsversammlung: zweitausend waren gekommen.
112 Wilhelm Bölsche rezensierte das Ibsen-Buch von Lou, welchem er den Rang eines Kunstwerks zuschrieb. Sie rezensierte sein Buch «Das Liebesleben in der Natur» in ihrem Artikel «Physische Liebe». In seinem 1890 erschienenen Roman «Die Mittagsgöttin» trat er der Entzauberung der Natur durch

die mechanistisch-naturwissenschaftliche Betrachtung entgegen.

113 «Liebe und theure Frau, ich muß kommen dürfen! Gerhart», in: LRB, Anmerkungen, S. 255

114 Ebd., S. 139

115 Sören Kierkegaard, Die Krankheit zum Tode, Köln–Olten 1956

116 «Um 1890 wird Nietzsche mit einem Schlag berühmt. Georg Brandes hält 1888 in Kopenhagen öffentliche Vorträge über ihn.» Pütz, Friedrich Nietzsche, a. a. O., S. 8

117 Erich F. Podach, Gestalten um Nietzsche. Mit unveröff. Dokumenten zur Geschichte seines Lebens und seines Werks, Weimar 1932, S. 62; vgl. auch LRB, Anmerkungen, S. 244f

118 Podach, a. a. O., S. 61

119 F. N., S. 3

120 Auch die Postmoderne kehrt zu Nietzsches Einsichten zurück, so z. B. Michel Foucault, wenn er Entstehung und Auflösung des Konzepts vom ‹Subjekt› untersucht.

121 F. N., S. 154

122 Ebd., S. 38f

123 Friedrich Nietzsche, Also sprach Zarathustra, Leipzig 1930, S. 231

124 Nietzsche, Die Fröhliche Wissenschaft, a. a. O., S. 213

125 Ebd., S. 249

126 F. N., S. 34

127 Ebd., S. 40

128 Brief von F. Nietzsche an Lou von Salomé, vermutl. 16. Sept. 1882, in: Dokumente, S. 231

129 F. N., S. 61

130 Ebd., S. 206

131 Nietzsche, Zur Genealogie der Moral, a. a. O., S. 318

132 Friedrich Nietzsche, Jenseits von Gut und Böse, Leipzig 1930, S. 74

133 F. N., S. 216

134 LRB, Anmerkungen, S. 258f

135 Ebd., S. 102f

136 Ebd., S. 103

137 Ebd., S. 99

138 Damals war Rée das Haus, Lou die Schnecke. Rée nannte sie «Schneckli», in: Dokumente, S. 216

139 Eintragungen, S. 123

140 Knut Hamsun, Psychologie und Dichtung, Stuttgart 1964, S. 43

141 Herman Bang, (1857–1912) war in seiner dänischen Heimat zuerst Journalist (Theoretiker des Naturalismus) und Regisseur gewesen. Therese Bang war seine Übersetzerin; vgl. LRB, Anmerkungen, S. 258

142 Ebd.

143 LRB, S. 103

144 Ebd., S. 104

145 Ebd.

146 Ebd., S. 110

147 Arthur Schnitzler, Liebelei, in: Ges. Werke, Bd. 1, 2. Abteilung. Theaterstücke, Berlin 1913, S. 211

148 Lou Andreas-Salomé, Ketzereien gegen die moderne Frau, in: Die Zukunft, 11. Febr. 1899, S. 240, vgl. auch LRB, Anmerkungen, S. 264

149 Brief von R. Beer-Hofmann an H. v. Hofmannsthal, in: Briefwechsel H. v. Hofmannsthal–R. Beer-Hofmann, hg. von E. Weber, Frankfurt/M. 1972, S. 49

150 Olga Schnitzler, Spiegelbild der Freundschaft, Salzburg 1962, S. 141

151 Samuel Lublinsky, Der Ausgang der Moderne, Tübingen 1976, S. 49

152 Vgl. Ernst Mach und die jungen Wiener, in: Gotthart Wunberg, Der frühe Hofmannsthal, Stuttgart–Berlin–Köln–Mainz 1965, S. 23f

153 Peter Altenberg, Wie ich es sehe, Berlin 1904. Friedrich Nietzsche: «Unser ‹Ich› als das einzige Sein ist eine perspektivische Illusion.», in: Friedrich Nietzsche, Der Wille zur Macht, Leipzig 1930, S. 355

154 Paul Bourget, Psychologische Abhandlungen über zeitgenössische Schriftsteller, Minden 1903 (zuerst 1883)

155 Bahr, Zur Überwindung des Naturalismus, a. a. O., S. 58

156 Hugo von Hofmannsthal über Paul Bourget, Physiologie der modernen Liebe, in: Loris. Die Prosa des jungen Hugo von Hofmannsthal, Berlin 1930, S. 64

157 Lou Andreas-Salomé, Vom Kunstaffekt, in: Die Zukunft, 27. Mai 1899, S. 370

158 Stirner, Der Einzige und sein Eigentum, a. a. O.

159 Lou Andreas-Salomé, Aus fremder Seele. Eine Spätherbstgeschichte, Stuttgart 1896, S. 53

160 Ebd., S. 154

161 Ebd., S. 152

162 Wunberg, Der frühe Hofmannsthal, a. a. O., S. 31

163 Fenitschka, S. 47

164 Ebd., S. 56

165 Ebd., S. 61 f. Vgl. Friedrich Nietzsche «Traum und Kultur» (in: «Menschliches, Allzumenschliches», a. a. O., S. 24): «...so daß wir, bei deutlicher Vergegenwärtigung eines Traumes, vor uns erschrecken, weil wir so viel Narrheit in uns bergen.» S. Freuds «Traumdeutung» erscheint 1900.

166 RMR–Lou Briefw., Erläuterungen, S. 508

167 Brief von Rilke an Lou Andreas-Salomé vom 13. Mai 1897, ebd., S. 9

168 Lou Andreas-Salomé, Jesus der Jude, in: Neue Deutsche Rundschau, Bd. 7, 1896, S. 348

169 Ebd., S. 350

170 Ebd., S. 344

171 Friedrich Nietzsche, Der Antichrist, Leipzig 1930, S. 231

172 Lou Andreas-Salomé, Jesus der Jude, a. a. O., S. 345

173 Brief von R. M. Rilke an Lou Andreas-Salomé vom 17. Mai 1897, in: RMR–Lou Briefw., S. 12

174 Vgl. Hof-Atelier Elvira, 1887 bis 1928. Ästheten, Emanzen, Aristokraten, hg. von Rudolf Herz und Brigitte Bruns, München 1985, S. 25 f

175 LRB, S. 116

176 Soergel, a. a. O., Bd. 2, S. 54 f

177 Nicht der Mensch denkt, die Erde denkt durch uns, behauptet Paul Scheerbart. «Gerade das Verwirrende erzeugt doch den Gipfel aller Lebenslust, gerade dort, wo wir nicht mehr folgen können, fängt der große Rausch an... Der eigentliche Genuß beginnt immer erst da, wo die Klarheit aufhört», heißt es in «Die Wilde Jagd». (S. 65) Auch Hermann Stehr schätzt das «Innere» als in der Zeitlosigkeit wurzelnd: «...wir haben es nicht allein, wir haben es mit allem und dem All gemein.» (S. 25) Jakob Wassermann will ebenfalls nicht die Verknüpfung äußerer Erlebnisse, sondern die Wirrnis der inneren. (S. 50) Ludwig Coellen sieht darin eine eigene Stilrichtung, welche er «Neuromantik» nennt. Alles einzelne sei letztlich Symbol des All-Einen. (Ludwig Coellen, Neuromantik, Jena 1906) Der Naturforscher Ernst Haeckel veröffentlicht 1892 seine Weltanschauung des Monismus: «...immer unwiderstehlicher offenbart sich uns die Erkenntnis, daß auch unsere menschliche Seele nur ein winziger Teil dieser umfassenden ‹Weltseele› ist.» (Ernst Haeckel, Die Welträtsel. Gemeinverständliche Studien über monistische Philosophie, Leipzig o. J.)

178 Lou Andreas-Salomé, Zurück ans All, in: Menschenkinder, Novellensammlung, Stuttgart–Berlin 1902, S. 392

179 Rainer Maria Rilke: «Kann mir einer sagen wohin/ich mit meinem Leben reiche?» Mir zur Feier, in: Sämmtliche Werke, Bd. 3 (besorgt durch Ernst Zinn), Wiesbaden 1959, S. 258

180 LRB, S. 62

181 Lou Andreas-Salomé, Russische Dichtung und Kultur, in: Cosmopolis, Bd. 5, 1897, S. 572

182 Ebd., S. 574

183 Rainer Maria Rilke, Das Stunden-

buch. 1. Vom mönchischen Leben (1899), 2. Von der Pilgerschaft (1901), 3. Von der Armut und vom Tode (1903), in: Sämmtliche Werke, Bd. 1, Wiesbaden 1955

184 Bilder von Ilja Repin mit Motiven aus dem russischen Volksleben, von dem Historienmaler Viktor Wasnetzow und dem Landschaftsmaler Efim Volko.

185 Die Rußlandreise, 1900, unveröff. (Lou Andreas-Salomé-Archiv, Göttingen)

186 Lou Andreas-Salomé, Ma. Ein Portrait, Stuttgart–Berlin 1901, S. 9

187 Lou Andreas-Salomé, Russische Dichtung und Kultur, a. a. O., S. 573

188 Gerd Ruge, Boris Pasternak. Eine Bildbiographie, München 1958, S. 14

189 Lou Andreas-Salomé, Wolga, in: LRB, S. 73

190 Rainer Maria Rilke, in: Das Stundenbuch, a. a. O., S. 69

191 Brief von R. M. Rilke an S. Schill, in: Hans Egon Holthusen, Rainer Maria Rilke, Reinbek 1958, S. 41

192 Lou Andreas-Salomé, Ródinka, Jena 1923, S. 118

193 Schule bei Freud, S. 34. Das Ausphantasieren von Geschichten fiel ihr leicht. Offenbar gingen Lous Vorstellungen vom literarischen Gestalten aber darüber hinaus. Auch wenn sie gelegentlich betont, kein Künstler zu sein, strebte sie doch einen eigenen Stil und eine eigene Sprache an. (Vgl. zu ihrem Sprachstil auch: Leonie Müller-Loreck, Die erzählende Dichtung Lou Andreas-Salomés: Ihr Zusammenhang mit der Literatur um 1900, Stuttgart 1976)

194 LRB, S. 68

195 Ebd., S. 61 f

196 Lou Andreas-Salomé, Vom Kunstaffekt, a. a. O., S. 369

197 LRB, S. 144 und Anmerkungen, S. 277

198 Lou Andreas-Salomé, Vom Kunstaffekt, a. a. O., S. 370

199 Ebd., S. 368

200 Ebd., S. 368 f

201 Brief von Lou Andreas-Salomé an R. M. Rilke vom 26. Febr. 1901, in: RMR–Lou Briefw., S. 42

202 R. M. Rilke schreibt später am 17. Febr. 1916 auch an S. Freud: «Öfters war ich daran, mir durch eine Aussprache mit Ihnen aus der Verschüttung zu helfen. Aber schließlich überwog der Entschluß, die Sache allein durchzumachen.», in: Michael Worbs, Nervenkunst, Frankfurt/M. 1983, S. 132 f

203 Brief von R. M. Rilke an Lou Andreas-Salomé vom 13. Nov. 1903, in: RMR–Lou Briefw., S. 119

204 LRB, S. 138

205 Peters, Lou, S. 251

206 1902. Vgl. Koepcke, Lou Andreas-Salomé, a. a. O., S. 236

207 Ihre Affären mit Friedrich Pineles (Zemek), Victor Tausk, Poul Bjerre und Victor Emil von Gebsattel, die alle mit einer abrupten Abwendung endeten, erwähnt sie nicht.

208 RMR–Lou Briefw., S. 117 f

209 Vgl. Ursula Welsch und Michaela Wiesner, Lou Andreas-Salomé. Vom «Lebensurgrund» zur Psychoanalyse, München–Wien 1988, S. 207

210 Brief von Lou Andreas-Salomé an R. M. Rilke vom 12. Dez. 1925, in: LRB, Anmerkungen, S. 274

211 RMR–Lou Briefw., S. 93

212 Ebd., S. 92

213 Lou Andreas-Salomé, Der Mensch als Weib. Ein Bild im Umriß, in: Lou Andreas-Salomé, Die Erotik, Frankfurt/M. 1910, S. 10

214 Vgl. Wilhelm Bölsche, Das Liebesleben in der Natur, Jena 1909

215 Lou Andreas-Salomé, Der Mensch als Weib, a. a. O., S. 9 f

216 Ebd., S. 22

217 Ebd., S. 23 f

218 Ebd., S. 24
219 Ebd., S. 28
220 Ebd., S. 34
221 Brief von F. Nietzsche an Lou von Salomé, etwa 1. Sept. 1882, in: Dokumente, S. 224
222 Lou Andreas-Salomé, Der Mensch als Weib, a.a.O., S. 37. Ähnliche Charakterisierungen finden sich in den Werken Beer-Hofmanns: «...noch nicht entlassen aus/geheimnisvollen alten Urverträgen... (Soergel, Dichtung und Dichter der Zeit, a.a.O., S. 480)
223 «Die Gesellschaft» war eine Sammlung sozialpsychologischer Monographien, in der auch W. Sombarts Analyse des Proletariats und E. Bernsteins «Streik» erschienen waren. Lou Andreas-Salomés «Die Erotik» erschien 1910.
224 Lou Andreas-Salomé, Gedanken über das Liebesproblem, in: Die Erotik, a.a.O., S. 57f
225 Ebd., S. 73
226 Ebd., S. 69
227 Ebd., S. 50
228 Ebd., S. 110
229 Friedrich Nietzsche, Götzendämmerung, Leipzig 1930, S. 79
230 Brief von Lou Andreas-Salomé an R. M. Rilke vom 28. Dez. 1909, in: RMR–Lou Briefw., S. 242
231 Lou Andreas-Salomé, Die Stunde ohne Gott und andere Kindergeschichten, Jena 1921, S. 61; s. auch LRB, S. 14f
232 Schule bei Freud, Anmerkungen, S. 252
233 Die erste psychoanalytische Gesellschaft, die «Psychologische Mittwoch-Gesellschaft», bildete sich 1902 auf Anregung Wilhelm Stekels. Ein von Freud und seinen engsten Mitarbeitern sorgfältig ausgewählter Kreis von Ärzten und Intellektuellen traf sich in Freuds Wartezimmer, um die psychoanalytischen Konzepte in ihrer Anwendbarkeit auf bestimmte Seelenkrankheiten sowie auf die Probleme von Kultur und Literatur zu überprüfen. Dr. Margarete Hilferding, eine der ersten Ärztinnen Wiens, war die erste Frau in diesem Kreis. Daß Lou Andreas-Salomé ohne weiteres teilnehmen durfte, ist ein Hinweis auf die Wertschätzung, welche Freud ihr entgegenbrachte. Das «Kolleg» bezeichnet Freuds Vorlesungen über Psychoanalyse, die samstags in der Universität Wien stattfanden.
234 Brief von S. Freud an Lou Andreas-Salomé vom 1. Okt. 1912, in: S. F.–Lou Briefw., S. 7
235 Brief von K. Abraham an S. Freud vom 28. Apr. 1912, in: S. F.–Lou Briefw., S. 234
236 LRB, S. 214f
237 Schule bei Freud, S. 89f
238 LRB, S. 97
239 Ebd., S. 153
240 Durch die Vorträge, die S. Freud 1909 auf Einladung Stanley Halls an der Clark University in Massachussetts (USA) hielt, erweiterte sich der Wirkungskreis der Psychoanalyse.
241 Vgl. W. Salber, Entwicklungen der Psychologie Sigmund Freuds, 3 Bde., Bonn 1973 und 1974
242 LRB, S. 153
243 Ebd., S. 164
244 Brief von S. Freud an Lou Andreas-Salomé vom 14. Nov. 1914, ebd., S. 21
245 Brief von Lou Andreas-Salomé an S. Freud vom 19. Nov. 1914, ebd., S. 22
246 Ernest Jones, Das Leben und Werk von Sigmund Freud, München 1984, Bd. II, S. 214
247 Brief von Lou Andreas-Salomé an Ellen Key vom 2. Nov. 1914, unveröff. (Lou Andreas-Salomé-Archiv, Göttingen)
248 LRB, S. 64
249 LRB, S. 51
250 Brief von S. Freud an Lou Andreas-Salomé vom 31. Jan. 1915, in: S. F.–Lou Briefw., S. 29

251 Eintragungen, S. 123
252 LRB, S. 163
253 Schule bei Freud, S. 68f
254 Brief von Lou Andreas-Salomé an
S. Freud vom 25. Aug. 1919, in:
S. F.–Lou Briefw., S. 109
255 LRB, S. 156
256 Ebd., S. 157
257 Brief von Lou Andreas-Salomé an
S. Freud vom 10. Jan. 1915, in:
S. F.–Lou Briefw., S. 26
258 Vgl. Schule bei Freud und: Lou
Andreas-Salomé, Psychosexualität, in: Lou Andreas-Salomé, Die
Erotik, a. a. O., S. 149f
259 Brief von S. Freud an Lou Andreas-Salomé vom 31. Jan. 1915,
in: S. Freud–Lou Briefw., S. 29
260 Brief von S. Freud an Lou Andreas-Salomé vom 30. Juli 1915,
ebd., S. 35f
261 Lou Andreas-Salomé, Mein Dank
an Freud, Wien 1931, S. 101
262 LRB, S. 179
263 Brief von Lou Andreas-Salomé an
S. Freud vom 14. Juni 1917, in:
S. F.–Lou Briefw., S. 63
264 Brief von Lou Andreas-Salomé
an S. Freud vom 4. Mai 1935, ebd.,
S. 225
265 LRB, S. 182f
266 Brief von Lou Andreas-Salomé an
S. Freud, letzter März 1923, in:
S. F.–Lou Briefw., S. 134
267 Schule bei Freud, S. 223f
268 Brief von Lou Andreas-Salomé an
S. Freud, nach dem 18. Dez. 1916,
in: S. F.–Lou Briefw., S. 62
269 Anna Freud, Schlagephantasie
und Tagtraum (1922), in: Die
Schriften der Anna Freud, Bd. 1,
München 1980, S. 141f
270 Brief von Lou Andreas-Salomé an
S. Freud vom 2. März 1922, S. F.
–Lou Briefw., S. 123f
271 Lou Andreas-Salomé, Von frühem Gottesdienst, in: Imago II:5.
Okt. 1913, S. 457
272 Lou Andreas-Salomé, Amor, in:
Amor, Jutta, Die Tarnkappe. Drei
Dichtungen, hg. von Ernst Pfeiffer, Frankfurt/M. 1981, S. 9–25
273 Eintragungen, S. 63
274 Brief von Lou Andreas-Salomé an
R. M. Rilke vom 16. März 1924,
in: RMR–Lou Briefw., S. 487
275 Ebd.
276 Brief von Lou Andreas-Salomé an
R. M. Rilke vom 17. Juni 1909,
ebd., S. 233
277 Brief von Lou Andreas-Salomé an
R. M. Rilke vom 4. Febr. 1919,
ebd., S. 407
278 Brief von Lou Andreas-Salomé an
R. M. Rilke vom 17. Juni 1909,
ebd., S. 233
279 Brief von Lou Andreas-Salomé an
R. M. Rilke, wohl Ende Jan. 1913,
ebd., S. 296
280 Tagebucheintragung Lou Andreas-Salomés, in: Uwe Henrik
Peters, Anna Freud, München
1979, S. 75
281 Brief von Lou Andreas-Salomé an
R. M. Rilke vom 5. Jan. 1921,
RMR–Lou Briefw., S. 446
282 Brief von Lou Andreas-Salomé an
R. M. Rilke vom 17. Febr. 1919,
ebd., S. 410
283 Brief von Lou Andreas-Salomé an
R. M. Rilke vom 6. Juni 1919,
ebd., S. 425
284 Brief von Lou Andreas-Salomé an
R. M. Rilke vom 22. Sept. 1921,
ebd., S. 455
285 Brief von S. Freud an Lou Andreas-Salomé vom 5. Aug. 1923,
in: S. F.–Lou Briefw., S. 137; vgl.
auch Brief von S. Freud an Lou
Andreas-Salomé vom 4. Nov.
1923, ebd., S. 141
286 Brief von S. Freud an Lou Andreas-Salomé vom 28. Jan. 1925,
ebd., S. 163
287 Brief von S. Freud an Lou Andreas-Salomé vom 14. Juni 1925,
ebd., S. 174
288 Brief von Lou Andreas-Salomé an
S. Freud vom 15. Febr. 1925, ebd.,
S. 166
289 Brief von Lou Andreas-Salomé an
R. M. Rilke vom 18. Jan. 1923, in:
RMR–Lou Briefw., S. 483
290 Brief von Lou Andreas-Salomé an

R. M. Rilke vom 16. März 1924, ebd., S. 488

291 Brief von Lou Andreas-Salomé an R. M. Rilke vom 4. Jan. 1922, ebd., S. 463

292 Brief von Lou Andreas-Salomé an S. Freud vom 3. Mai 1924, in: S. F.–Lou Briefw., S. 147

293 Brief von Lou Andreas-Salomé an S. Freud vom 15. Febr. 1925, ebd., S. 166

294 Brief von Lou Andreas-Salomé an S. Freud vom 3. Mai 1930, ebd., S. 204

295 Ebd.

296 Brief von S. Freud an Lou Andreas-Salomé vom 8. Mai 1930, ebd., S. 205

297 Brief von Lou Andreas-Salomé an S. Freud vom 4. Mai 1927, ebd., S. 180

298 Brief von Lou Andreas-Salomé an S. Freud vom 20. Mai 1927, ebd., S. 182

299 Brief von Lou Andreas-Salomé an S. Freud vom 10. Okt. 1930, ebd., S. 206

300 Brief von Lou Andreas-Salomé an S. Freud vom 26. Okt. 1930, ebd., S. 208

301 Eintragungen, S. 12

302 Ebd., S. 26

303 Viktor von Weizsäcker, Natur und Geist, München 1976, S. 128

304 LRB, S. 183

305 Ebd.

306 Ebd., S. 308

Zeittafel

1861	Louise von Salomé wird am 12. Februar als sechstes Kind und einzige Tochter des Generals Gustav von Salomé und seiner Frau Louise, geb. Wilm, in St. Petersburg geboren
1877/78	Austritt aus der protestantisch-reformierten Kirche
1878/79	Begegnung mit Hendrik Gillot; Mai 1879: Konfirmation in Santpoort (Holl.)
1879	Tod des Vaters (geb. 1804)
1880	Studium der Theologie und Kunstgeschichte in Zürich; Erkrankung an Bluthusten
1881	Reisen an Kurorte mit der Mutter, Reise nach Rom; philosophische Gespräche im Kreis der Malwida von Meysenbug
1882	Reise in den Süden; Beginn der Freundschaft mit Paul Rée; Begegnung mit Friedrich Nietzsche: Orta/Monte Sacro, Tautenburg, letzte Begegnung in Leipzig
1883	Zusammenleben mit Paul Rée in Berlin (Ferdinand Tönnies, Hermann Ebbinghaus, Georg Brandes); mit Paul Rée in Gries-Meran; *Im Kampf um Gott* (veröff. 1885)
1884	Reisen mit Paul Rée (Meran u. Tegernsee); Wiedersehen mit Gillot
1885	Trennung von Paul Rée
1886	Verlobung mit Friedrich Carl Andreas
1887	Ziviltrauung in St. Petersburg, kirchliche Trauung durch Hendrik Gillot in Santpoort (Holl.)
1890	Aufsätze, Theaterkritiken, Rezensionen in «Die Freie Bühne»; Freundeskreis: Gerhart Hauptmann, Bruno Wille, Wilhelm Bölsche, Maximilian Harden u. v. m.
1891	Bekanntschaft mit Georg Ledebour; Ehekrise
1892	*Henrik Ibsens Frauen-Gestalten*
1894	Aufenthalt in Paris: *Friedrich Nietzsche in seinen Werken*; mit Dr. v. Ssawély Reise in die Schweiz
1895	*Ruth*; Reise nach St. Petersburg mit Frieda von Bülow; Aufenthalt in Wien; Freundschaft mit Dr. Friedrich Pineles (Zemek), Arthur Schnitzler, Hugo von Hofmannsthal, Richard Beer-Hofmann
1896	*Aus fremder Seele*
1897	Aufenthalt in München; Beginn der lebenslangen Freundschaft mit Rainer Maria Rilke, Sommer mit Rilke in Wolfratshausen bei München; Rilke verlegt seinen Wohnsitz nach Berlin
1898	*Fenitschka. Eine Ausschweifung*; Tod des Bruders Eugène
1899	*Menschenkinder*; Reise mit Rilke und Andreas nach Rußland
1900	Zweite Rußland-Reise mit Rilke, *Im Zwischenland* (veröff. 1902); *Tagebuch einer Rußlandreise* (unveröff.); Trennung von Rilke

1901/02	Tod Paul Rées, verunglückt bei Celerina; Rilke heiratet Clara West-hoff; *Ma*; Aufenthalt mit Zemek in der Schweiz, im Riesengebirge und in Wien; Schwangerschaft und Fehlgeburt; Einstellung der Haushälte-rin Marie Stephan
1901–03	*Ródinka* (veröff. 1923)
1903	Umzug nach Berlin-Westend; Andreas erhält einen Ruf nach Göttin-gen, Bezug des Hauses am Hainberg; Aufenthalt mit Zemek im Riesen-gebirge
1904	*Das Haus* (veröff. 1919); Reise mit Zemek nach Venedig; Reise nach Skandinavien und St. Petersburg
1905	erstes Wiedersehen mit Rilke in Göttingen, gemeinsame Reise zu He-lene Klingenberg in den Harz; Geburt der unehelichen Tochter von Andreas und Marie Stephan; nervöses Herzleiden; mit Zemek in Spa-nien
1906/07	Aufenthalt in Berlin, von Max Reinhardt zum Besuch von Theaterpro-ben und Premieren eingeladen
1908	Tod Frieda von Bülows; letzte Reise mit Zemek: Bosnien, Herzego-wina, Dalmatien, Bulgarien, Montenegro, Albanien, Türkei
1909	Reise nach Paris mit Ellen Key zu Rainer Maria Rilke, damals Sekretär bei Auguste Rodin; *Die Stunde ohen Gott* (veröff. 1921)
1910	Dritter Pariser Aufenthalt mit Ellen Key; Wiedersehen mit Rilke; *Die Erotik*
1911	Liebesbeziehung mit Poul Bjerre; Besuch Ellen Keys in Alvastra (Schweden); Teilnahme am Weimarer Kongreß der Internationalen Psychoanalytischen Gesellschaft; Begegnung mit Viktor Emil von Geb-sattel; letzter Besuch der Familie in St. Petersburg
1912	Sigmund Freud, Teilnahme an Mittwochssitzungen und Samstag-Kol-leg; Liebesbeziehung mit Victor Tausk; *In der Schule bei Freud* (veröff. 1958); Rilke in Göttingen; Begegnung mit dem Psychoanalytiker Karl Abraham in Berlin; mit Ellen Delp in Wien (Oktober 1912–April 1913)
1913	Tod der Mutter (geb. 1823); März: Teilnahme an Alfred Adlers Diskus-sionsabenden; Teilnahme an psychoanalytischem Kongreß in München
1914–19	längere Aufenthalte bei Rilke in München
1915	*Der Teufel und seine Großmutter* (veröff. 1922); Tod des Bruders Alexandre; psychoanalytische Praxis in Göttingen
1917	*Drei Briefe an einen Knaben*
1921	Freundschaft mit Anna Freud, *Narzißmus als Doppelrichtung*
1922	Mitglied der Psychoanalytischen Vereinigung
1923	Als Analytikerin in der Königsberger Internistenklinik
1926	Tod Rainer Maria Rilkes (geb. 1875)
1928	*Rainer Maria Rilke*; letztes Zusammensein mit Sigmund Freud
1930	Tod von Friedrich Carl Andreas (geb. 1846)
1931	*Mein Dank an Freud*; *Lebensrückblick* (veröff. 1951); Begegnung mit Ernst Pfeiffer
1933	Adoption von Marie Apel
1934	Übereignung des literarischen Nachlasses an Ernst Pfeiffer
1935	Krebsoperation
1937	Lou Andreas-Salomé stirbt am 5. Februar in ihrem Haus in Göttingen am Hainberg

Zeugnisse

Peter Gast
Sie ist wirklich ein Genie, und von Charakter ganz heroisch; von Gestalt ein wenig größer als ich, sehr gut proportioniert im Bau, blond mit altrömischem Gesichtsausdruck. Ihre Einfälle lassen erkennen, daß sie sich bis an den äußersten Horizont des Denkbaren, sowohl im Moralischen, als im Intellektuellen, gewagt hat, – wie gesagt: ein Genie, an Geist und Gemüt.

Brief an eine Freundin, 1882

Friedrich Nietzsche
Dieses dürre schmutzige übelriechende Äffchen, mit ihren falschen Brüsten – Ein Verhängniß! Pardon!

Entwurf eines Briefes an Georg Rée, 1883

Peter Gast
In der Nähe Nietzsches einige Zeit gelebt zu haben und, anstatt entflammt worden zu sein, nur eine Beobachterin und kalte Registriermaschine zu sein – das ist auch etwas.

Brief an Josef Hofmiller, 1897

Helene Stöcker
... ihre Novellen sind immer eine wahre Fundgrube von psychologischen Entdeckungen; sie geben seltene, intime Aufschlüsse über das komplizierte, tausendfach zusammengesetzte Wesen der modernen Frauenseele...

Lou Andreas-Salomé ... gehört zu den Frauen, die uns offen die tiefen und schmerzlichen Konflikte zeigen, die gerade in den bedeutendsten Frauen in dieser Übergangszeit entstehen müssen: in denen, die weder die geschlechtslosen Kulte überwiegender Verstandesnaturen, noch die intellektlose Dumpfheit eines im Geschlechtlichen stecken gebliebenen Wesens haben. Sie zeigt, wie gerade die höchst begabten Frauenpersönlichkeiten notwendig auch die tiefsten und aufreibendsten Schmerzen erleiden müssen.

... Dennoch Ja sagen zum Leben und nicht zu erliegen – das ist die schöne und schwere Kunst, die wir alle lernen müssen, und welche die Frauentypen, die uns Lou Andreas-Salomé dichterisch dargestellt hat, fast alle erreicht haben oder doch zu erreichen streben.

«Neue Frauentypen», 1899

Marie von Ebner-Eschenbach
Lou Andreas ist unter den heutigen Dichterinnen die geistigste, die psychologisch tiefste – das unterschreibe ich mit Buchstaben so hoch wie der Uspenski-Dom. Respekt vor Ihnen, begnadete Frau und vor Ihrer Kunst und vor Ihrer Weisheit.

Brief an Lou, 1901

Anselma Heine
Was... Frau Salomé interessiert, ist nie der gegenwärtige Zustand, immer die Entwicklungsreihe der Geschehnisse, das Werden. Und zwar das selbstempfundene bewußte Werden.

«Lou Andreas-Salomé», 1911

Viktor Emil von Gebsattel
Hintretend vor Viele, ohne Ende sich wandelnd, werden Sie immer den stärksten, eigensten Möglichkeiten im Andern Flugkraft verleihen, aus reiner Leidenschaft für die Fülle des Lebens jeden Einzelnen über seine gewohnten Grenzen hinaustreibend, kühl und begeistert zugleich.

Brief an Lou, 1912

Helene Klingenberg
Eine ungeheure Bereitschaft dem Leben gegenüber, ein demütiges und mutigstes Sich-ihm-offen-halten, seinen Seligkeiten, Erkenntnissen, aber auch seinen tiefsten Schmerzen noch, kennzeichnet sie, in der sich – zu unerhörtem Reiz – der Ernst, der fast furchtbare Ernst des Mannes mit der übermütigen Sorglosigkeit des Kindes und der inbrünstigen Hingebung des Weibes mischt.

«Lou Andreas-Salomé», 1912

Rainer Maria Rilke
...das Wunderbarste, was für Herrlichkeiten weiß diese Frau einzusehen, wie wendet sie sich alles, was ihr Bücher und Menschen im rechten Moment zutragen, zum seeligsten Verständnis, begreift, liebt, geht furchtlos in den glühendsten Geheimnissen umher, die ihr nichts thun, die sie nur anstrahlen mit reinem Feuerschein. Ich weiß und wußte seit jenen fernen Jahren, da sie mir zuerst zu so unendlicher Bedeutung begegnet ist, niemanden, der so das Leben auf seiner Seite hätte, im Sanftesten wie im Furchtbarsten die e i n e Kraft erkennend, die sich verstellt, die aber immer, selbst wo sie tötet noch, gebend sein will.

Brief an die Fürstin Taxis, 1913

Eduard Spranger

Der Standpunkt der Frau Salomé ist im Grunde doch nichts als ästhetische Weltauffassung, aus der kein aktives Verhalten zur Welt folgt (wie auch die Tatsachen zeigen). Das Sicheinfühlen ist ein liebenswürdiger Gemütszustand, der über die Dinge einen Schleier von Innerlichkeit verbreitet. Aber ich bleibe dabei, daß diese Gefühle dem Menschen nicht mehr geben, als was er eben aus sich entnimmt. Ich bin daher entschlossen, bei meiner Realistik zu bleiben, die die konkreten Gestalten des Lebens verfolgt.

Brief an Käthe Hadlich, 1914

Sigmund Freud

Die letzten 25 Lebensjahre dieser außerordentlichen Frau gehörten der Psychoanalyse an, zu der sie wertvolle wissenschaftliche Arbeiten beitrug und die sie auch praktisch ausübte. Ich sage nicht viel, wenn ich bekenne, daß wir es alle als eine Ehre empfanden, als sie in die Reihen unserer Mitarbeiter und Mitkämpfer eintrat, und gleichzeitig als eine neue Gewähr für den Wahrheitsgehalt der analytischen Lehren... Meine Tochter, die mit ihr vertraut war, hat sie bedauern gehört, daß sie die Psychoanalyse nicht in ihrer Jugend kennen gelernt hatte. Freilich gab es damals noch keine.

«Nachruf», 1937

Kurt Wolff

Lou von Salomé war ein völlig unbefangener, selbstsicherer Mensch, der, wie selten jemand, gleichzeitig geistige und menschliche Intensität besaß, verbunden mit weiblichem Charme. Sie war außergewöhnlich gescheit, konnte philosophische, soziologische, psychologische Probleme raschestens erfassen, besaß eine natürliche Unmittelbarkeit und war allen Fragen geistig wie menschlich aufgeschlossen. Alle, die ihr je begegneten, waren von ihr tief beeindruckt, nie hat jemand einen Blaustrumpf in ihr gesehen; dagegen hat auf viele der Zauber ihrer Persönlichkeit, die Schönheit des Mädchens und der Frau stärker gewirkt als ihr lieb war.

«Lou Andreas-Salomé», 1963

Paul Roazen

Lou ist all ihren großen Männern zweifellos nützlich gewesen, eben deshalb, weil sie sich mit dem zerbrechlichen Teil ihrer Persönlichkeit identifizieren konnte, der so sehr der Stützung bedurfte. Aber alle Männer, die sie geliebt haben, mußten schließlich entdecken, daß Lou nicht wirklich etwas von sich gegeben hatte. Lou hatte sie zurückgespiegelt, hatte ihnen in ihrer schöpferischen Not geholfen, als Person aber hatte sie sich im Grunde aus dem Spiel gehalten. Alle ihre großen Männer hatten sie gebraucht, aber jeder ihrer Liebhaber erkannte am Ende, daß sie sich ihm entzogen hatte.

«Brudertier», 1969

143

Viktor von Weizsäcker

Ihre auch in jener Schrift an Freud bekundete Freiheit gegenüber dem psychoanalytischen Schulbetrieb, ihre höchst persönliche Umformung der Doktrin kraft eigener Originalität hatten auf mich eine entlastende Wirkung. Man sah hier, daß man das, was wahr ist an einer Lehre, auch in andere Sprachen übersetzen kann... Der seltene Fall, daß jemand diese Wissenschaft tief genug begriffen und doch eine eigene Persönlichkeit geblieben war, ist mir weder vor- noch nachher so hilfreich begegnet wie bei Lou Andreas-Salomé.

«Natur und Geist», 1976

Gustav Lebzeltern

Wir sehen in Andreas-Salomé eine unglückliche Frau, die glaubte, ihr Leben zu leben, während sie in Wirklichkeit wie unter einem Zwang stand, getrieben von männlichem Protest. Sie war eine Verkörperung des irre geleiteten Machtstrebens, dem sie alles opferte: daher fand sie keinen Weg zum Du, keine wahre Liebe.

«Lou Andreas-Salomé in individualpsychologischer Sicht», 1978

Brigitte Bruns

Das in sich geschlossene, ruhende Geschöpf ‹Weib› der Lou Andreas-Salomé, dessen mystische Totalität, erdhafte Geschlechtlichkeit der Differenziertheit des Mannes gegenüber gestellt ist, entlarvten sie (H. Dohm und R. Mayreder) als Egoismus und Männerverachtung, die Suggestion der größeren Naturnähe im Weib als Machtausübung. Konzentrisch wie die Eizelle, wesenhaft, aber nicht wesentlich, näherte sich diese Weibfiktion dem Antifeminismus und seiner Weib-Materie-Vorstellung gefährlich an.

«Weibliche und männliche Antifeministen», 1985

Bibliographie

1. Bibliographien

KOEPCKE, CORDULA: Literaturverzeichnis, in: KOEPCKE, Lou Andreas-Salomé. Leben, Persönlichkeit, Werk. Eine Biographie, Frankfurt/M. 1986, S. 466 f

LIVINGSTONE, ANGELA: Bibliography, in: LIVINGSTONE, Lou Andreas-Salomé. Her Life (as Confidante of Freud, Nietzsche and Rilke) and Writings (on Psychoanalysis, Religion and Sex), London and Bedford 1984, S. 246 f

MÜLLER-LORECK, LEONIE: Bibliographischer Anhang, in: MÜLLER-LORECK, Die erzählende Dichtung Lou Andreas-Salomés. Ihr Zusammenhang mit der Literatur um 1900, Stuttgart 1976, S. 227 f

PETERS, HEINZ F.: Die Schriften von Lou Andreas-Salomé, in: PETERS, Lou. Das Leben der Lou Andreas-Salomé, München 1964, S. 305 f

PFEIFFER, ERNST. Dibliographischer Hinweis, in: LOU ANDREAS-SALOMÉ, Lebensrückblick. Grundriß einiger Lebenserinnerungen, hg. von ERNST PFEIFFER, Frankfurt/M. 1968, S. 296 f

WELSCH, URSULA, und WIESNER, MICHAELA: Werkverzeichnis von Lou Andreas-Salomé, in: WELSCH und WIESNER, Lou Andreas-Salomé. Vom «Lebensurgrund» zur Psychoanalyse, München–Wien 1988, S. 494 f

2. Werke

a) Bücher

Im Kampf um Gott (von HENRI LOU), Leipzig–Berlin 1885

Henrik Ibsens Frauengestalten, nach seinen sechs Familiendramen, Berlin 1892, 1906[2]

Friedrich Nietzsche in seinen Werken, Wien 1894, Frankfurt/M.–Berlin–Wien 1983

Ruth. Erzählung, Stuttgart 1895 und 1897

Aus fremder Seele. Eine Spätherbstgeschichte, Stuttgart 1896

Fenitschka. Eine Ausschweifung. Zwei Erzählungen, Stuttgart 1898, Frankfurt/M.–Berlin 1983

Menschenkinder. Novellensammlung, Stuttgart–Berlin 1899, 1902[3]

Ma. Ein Portrait, Stuttgart–Berlin 1901

Im Zwischenland. Fünf Geschichten aus dem Seelenleben halbwüchsiger Mädchen, Stuttgart–Berlin 1902, 1902[2] (Titelgeschichte gesondert ediert: Leipzig 1930)

Die Erotik. Monographie, Frankfurt/M. 1910, München 1979, Frankfurt/M. 1979, Frankfurt/M.–Berlin–Wien 1985

Drei Briefe an einen Knaben, Leipzig 1917

145

Das Haus. Familiengeschichte vom Ende des vorigen Jahrhunderts, Berlin 1919 und 1921[2], Frankfurt/M.–Berlin–Wien 1987

Die Stunde ohne Gott und andere Kindergeschichten, Jena 1921

Der Teufel und seine Großmutter. Traumspiel, Jena 1922

Ródinka. Eine russische Erinnerung, Jena 1923, Frankfurt/M.–Berlin–Wien 1985

Rainer Maria Rilke. Buch des Gedenkens, Leipzig 1928 und 1929[2], Frankfurt/M. 1987

Mein Dank an Freud, Offener Brief an Professor Freud zu seinem fünfundsiebzigsten Geburtstag, Wien 1931

Lebensrückblick. Grundriß einiger Lebenserinnerungen, hg. von ERNST PFEIFFER, Zürich und Wiesbaden 1951, 1968, neu durchgesehen und mit einem Nachwort versehen von ERNST PFEIFFER, Frankfurt/M. 1974, 1977, neu durchgesehen und ergänzt von ERNST PFEIFFER 1984

RAINER MARIA RILKE/LOU ANDREAS-SALOMÉ. Briefwechsel, Zürich und Wiesbaden 1952, Frankfurt/M. 1957 und 1975

In der Schule bei Freud. Tagebuch eines Jahres, 1912/13, hg. von ERNST PFEIFFER, Zürich 1958, München 1965, Bern 1968, Frankfurt/M.–Berlin–Wien 1983

SIGMUND FREUD/LOU ANDREAS-SALOMÉ. Briefwechsel, hg. von ERNST PFEIFFER, Frankfurt/M. 1966, 2. überarb. Aufl. 1980.

Friedrich Nietzsche, Paul Rée, Lou Andreas-Salomé. Die Dokumente ihrer Begegnung, hg. von ERNST PFEIFFER, Frankfurt/M. 1970

Drei Dichtungen. Amor, Jutta, Die Tarnkappe, hg. von ERNST PFEIFFER, Frankfurt/M. 1981

Eintragungen. Letzte Jahre, hg. von ERNST PFEIFFER, Frankfurt/M. 1982

Ausgewählte Texte, München 1988

b) Artikel, Rezensionen, Erzählungen

Die Wildente I und II, in: Die Freie Bühne, 1, 1890 (1. Kap. von «Henrik Ibsens Frauengestalten»)

Friedrich Nietzsche, in: Vossische Zeitung, Nr. 17, Nr. 41 und Sonntagsausg., Nr. 2 und 4, 1891

Ein holländisches Urteil über moderne deutsche Dramen, in: Die Freie Bühne, 2, 1891

Der Realismus in der Religion, in: Die Freie Bühne, 2, 1891

Ossip Schubin, in: Vossische Zeitung, Nr. 15, Nr. 27 und Sonntagsausg., Nr. 2 und 3, 1892

Gottesschöpfung, in: Die Freie Bühne, 2, 1892

Zum Bilde Friedrich Nietzsches, in: Die Freie Bühne, 3, 1892

Emil Marriot, in: Vossische Zeitung, Nr. 365, Nr. 377, Nr. 389 und Sonntagsausg., Nr. 32–34, 1892

Harnack und das Apostolikum, in: Die Freie Bühne, 3, 1892

Ein Apokalyptiker, in: Das Magazin für Litteratur, 61, 1892

Ideal und Askese, in: Zeitgeist, Nr. 20, Berlin 1893

Die Duse, in: Die Freie Bühne, 4, 1893

Der Talisman, in: Die Freie Bühne, 4, 1893

Hartlebens «Erziehung zur Ehe», in: Die Freie Bühne, 4, 1893

Ibsen, Strindberg, Sudermann, in: Die Freie Bühne, 4, 1893

Hanna Jagert, in: Die Freie Bühne, 4, 1893

Ein Frühlingsdrama, in: Die Freie Bühne, 4, 1893

Hannele, in: Die Freie Bühne, 4, 1893

Von der Bestie bis zum Gott. Über Totemismus bei den Ursemiten, in: Neue Deutsche Rundschau, Bd. 5, 1894

Das Problem des Islam, in: Vossische Zeitung, Nr. 338, Nr. 350 und Sonntagsausg., Nr. 29 und 30, 1894

Winterlaub (Gedicht), in: Die Frau, 2, 1895

Rote Rosen (Gedicht), in: Die Frau, 2, 1895

Durch Dich (Gedicht), in: Die Frau, 2, 1895

Ricarda Huch: Erinnerungen von Ludolf Ursleu dem Jüngern, in: Die Frau, 3, 1895

Vom Ursprung des Christenthums, in: Vossische Zeitung, Nr. 599 und Sonntagsausg., Nr. 51, 1895

Kampfruf (Gedicht), in: Die Frau, 3, 1896

Jesus der Jude, in: Neue Deutsche Rundschau, 7, 1896

Scandinavische Dichter, in: Cosmopolis, 1896

Ein überlebter Traum, in: Westermanns Illustrierte Deutsche Monatshefte, Bd. 82, 1897 («Eine Ausschweifung»)

Abteilung «Innere Männer», in: Cosmopolis, 1897 (auch in: «Menschenkinder»)

Sovremennye pisatel'nitsy, in: Severny vestnik, Bd. 11, 1897

Russische Dichtung und Kultur, in: Cosmopolis, 1897

Aus der Geschichte Gottes, in: Neue Deutsche Rundschau, 8, Bd. 2, 1897

Amor (mit L. VOLYNSKY), in: Severny vestnik, Bd. 9, 1897

Das russische Heiligenbild und sein Dichter, in: Vossische Zeitung, Nr. 1 und Sonntagsausg., Nr. 1, 1898

Russische Philosophie und semitischer Geist, in: Die Zeit (Wien), 14, 1898

Drama «molodoi Germanii», in: Severny vestnik, Bd. 2, 1898

Religion und Cultur, in: Die Zeit (Wien), 14, 1898

Vom religiösen Affekt, in: Die Zukunft, 23, 1898

Mißbrauchte Frauenkraft, in: Die Frau, 5, 1898

Mädchenreigen, in: Cosmopolis, 1898 (auch in: «Menschenkinder»)

Fenitschka, in: Die Romanwelt, 5, Bd. 1, 1898

Ein Todesfall, in: Cosmopolis, 1898 (auch in: «Menschenkinder»)

Paul Mongré: Sant'Ilario, in: Die Zeit (Wien), 16, 1898

Physische Liebe, in: Die Zukunft, 25, 1898

Leo Tolstoi, unser Zeitgenosse. Eine Studie, in: Neue Deutsche Rundschau, 9, Bd. 2, 1898

Grundformen der Kunst. Eine psychologische Studie, in: Pan, 4, 1898/99

Adine Gemberg: Der dritte Bruder, in: Das Literarische Echo, 1, 1898

S. Hochstetter: Sehnsucht, Schönheit, Dämmerung. Die Geschichte einer Jugend, in: Das Literarische Echo, 1, 1898

Paul Nikolaus Cossmann: Aphorismen, in: Das Literarische Echo, 1, 1898/99

Fürst Sergei Wolkonskij: Bilder aus der Geschichte und Literatur Rußlands, in: Das Literarische Echo, 1, 1898/99

Adalbert Meinhardt: Stilleben, in: Das Literarische Echo, 1, 1898/99

Thomas P. Krag: Die eherne Schlange, in: Das Literarische Echo, 1, 1899

Inkognito, in: Vom Fels zum Meer, 35, 1898/99 (auch in: «Menschenkinder»)

Ein Wiedersehen, in: Die Frau, 6, 1898/99 (auch in: «Menschenkinder»)

Das Paradies, in: Deutsche Dichtung, 25, 1898/99 (auch in: «Menschenkinder»)

Ketzereien gegen die moderne Frau, in: Die Zukunft, 26, 1899 (neu ediert in: E. RUPPRECHT und D. BÄNSCH [Hg.], Literarische Manifeste der Jahrhundertwende 1890–1900, Stuttgart 1970)

Der Mensch als Weib (Ein Bild im Umriß), in: Neue Deutsche Rundschau, 10, Bd. 1, 1899 (auch in: «Die Erotik»)

Vom Kunstaffekt, in: Die Zukunft, 27, 1899, später in: Monatsschrift für Rußland, 1, 1912

Erleben, in: Die Zeit (Wien), 20, 1899

Zurück ans All, in: Die Romanwelt, 6, Bd. 1, Bd. 2, Bd. 3, 1899 (auch in: «Menschenkinder»)

Der Egoismus in der Religion, in: Der Egoismus, hg. von ARTHUR DIX, Leipzig 1899

Russische Geschichten, in: Die Zeit (Wien), 15, 1899

Ellen Key: Essais, in: Das Literarische Echo, 2, 1899

Friedrich Nietzsche i hans Voerker, in: Samtiden, 1899

Gedanken über das Liebesproblem, in: Neue Deutsche Rundschau, 11, Bd. 2, 1900 (auch in: «Die Erotik»)

Wilhelm Bölsche: Vom Bazillus zum Affenmenschen. Naturwissenschaftliche Plaudereien, in: Das Literarische Echo, 2, 1900

Die Schwester, in: Die Romanwelt, 7, Bd. 2, 1900 (auch in: «Im Zwischenland»)

Wiedersehn (Gedicht), in: Vom Fels zum Meer, 39, 1900/01

Ein Dank an einen Dichter (Zur Würdigung des ‹Michael Kramer› von Gerhart Hauptmann), in: Der Lotse, Hamburgische Wochenzeitschrift für deutsche Kultur, 1, Bd. 29, 1901

An den Kaiser, in: Die Gesellschaft, 1901

Alter und Ewigkeit, in: Die Zukunft, 37, 1901

Wolga (Gedicht), in: Vom Fels zum Meer, 40, 1901 (auch in: «Lebensrückblick»)

Wolga, in: Deutsche Roman-Bibliothek, 1901 (auch in: «Im Zwischenland»)

Abschied (Gedicht), in: Vom Fels zum Meer, 40, 1901

Vaters Kind, in: Vom Fels zum Meer, 40, 1901 (auch in: «Im Zwischenland»)

Der Graf von Charolais, in: Die Zukunft, 50, 1905

Das Glashüttenmärchen, in: Die Zukunft, 54, 1906

Frühlings Erwachen, in: Die Zukunft, 58, 1907

Lebende Dichtung, in: Die Zukunft, 62, 1908

Vier Kammerspiele, in: Die Schaubühne, 4, Bd. 1, 1908

Die Russen, in: Die Schaubühne, 5, Nr. 39, 1909

Die Nacht, in: Novellenbuch, Bd. 5, Frauennovellen, Bd. 22 der Hausbücherei der Deutschen Dichter-Gedächtnis-Stiftung, Hamburg 1909 (auch in: «Menschenkinder»)

Der Lebensbund, in: Die Neue Generation, 6, 1910 (auch in: «Die Erotik»)

Erika Rhenisch: Das Kindlein, in: Das Literarische Echo, 14, 1911

Im Spiegel, in: Das Literarische Echo, 14, 1911

Elisabeth Siewert, in: Das Literarische Echo, 14, 1912

Von Paul zu Pedro, in: Die Neue Generation, 8, 1912

Aus dem Briefwechsel Leo Tolstois, in: Das Literarische Echo, 15, 1913

Von frühem Gottesdienst, in: Imago, 2, Bd. 5, 1913

Das Bündnis zwischen Tor und Ur, in: Velhagen und Klasings Monatshefte, 28, 1914 (auch in: «Die Stunde ohne Gott»)

Seelchen, eine Weihnachtsgeschichte, in: Velhagen und Klasings Monatshefte, 28, 1914

Seelchen, eine Ostergeschichte, in: Velhagen und Klasings Monatshefte, 28, 1914

Zum Typus Weib, in: Imago, 3, Bd. 1, 1914 (neu veröff. in: Die Psychoanalytische Bewegung, 3, 1931)

Kind und Kunst, in: Das Literarische Echo, 17, 1914/15

Zum Bilde Strindbergs, in: Das Literarische Echo, 17, 1915

Bericht über einen Weihnachtsmann, in: Velhagen und Klasings Monatshefte, 29, 1915 (auch in: «Drei Briefe an einen Knaben»)

‹Anal› und ‹Sexual›, in: Imago, 4, Bd. 5, 1916

Angela Langer, in: Das Literarische Echo, 19, 1916

Expression, in: Das Literarische Echo, 19, 1917

Insekt und Krieg (zu I. H. Fabres), in: Die Tat, 1917

Luzifer. Eine Phantasie über Ricarda Huchs Buch ‹Luthers Glaube›, in: Die Neue Generation, 1917

Psychosexualität, in: Zeitschrift für Sexualwissenschaft, 1–12, 1917 (auch in: «Die Erotik»)

Nadja Strasser: Die Russin, in: Die Neue Generation, 13, 1917

Karl Nötzels Tolstoi, in: Das Literarische Echo, 20, 1917/18

Dichterischer Ausdruck, in: Das Literarische Echo, 21, 1918

Strindberg. Ein Beitrag zur Soziologie der Geschlechter von Leopold Wiese, in: Das Literarische Echo, 21, 1918/19

Des Dichters Erleben, in: Die Neue Rundschau, 30, Bd. 1, März 1919

Tolstois Jugendtagebuch, in: Der Neue Merkur, 3, 1919

Der geistliche Russe, in: Der Neue Merkur, 3, 1919

Agnes Henningsen, in: Das Literarische Echo, 22, 1919/20

Nikolaus Leskow: Die Kleriserei, in: Das Literarische Echo, 22, 1920

Isolde Kurz: Im Traumland, in: Das Literarische Echo, 22, 1920

Géza Roheim: Spiegelzauber, in: Das Literarische Echo, 22, 1920

Der goldene Vogel, in: Die Flöte, 2, 1919/20

Hymnus an das Leben, in: Das Inselschiff, 1, 1919/20

Unser Anteil an Dostojewski und Tolstoi, in: Vossische Zeitung, Nr. 365 und Sonntagsausg., Nr. 32, 1920

Kurt Engelbrecht: Diekmanns Denkwürdigkeiten – Erinnerungen Bücherei, Bd. 1, Die Liebe, in: Das Literarische Echo, 22, 1920

Tagebuch eines halbwüchsigen Mädchens, in: Das Literarische Echo, 22, 1920

Waldemar Bonsels, in: Das Literarische Echo, 23, 1920

Michael Saltykow-Schtschedrin: Satiren, in: Das Literarische Echo, 23, 1920

Gott gegen Gott, in: Der Neue Merkur, 4, 1920/21

Hermann Keyserling: Der Ruf des Philosophen, in: Der Neue Merkur, 4, 1920/21

Waldemar Bonsels: Eros, in: Das Literarische Echo, 23, 1920/21

Russische Romantik, in: Romantik, 3, 1921

Gustav Landauer: Der werdende Mensch, in: Das Literarische Echo, 24, 1921

Hans Jäger: Kranke Liebe, in: Das Literarische Echo, 24, 1921/22

Die Geschwister, in: Deutsche Rundschau, Bd. 189, 1921

Theodor Zell: Die Diktatur der Liebe, in: Das Literarische Echo, 24, 1921/22

Narzißmus als Doppelrichtung, in: Imago, 6, Bd. 4, 1921

Tendenz und Form russischer Dichtung, in: Das Literarische Echo, 24, 1922

Eros, in: Faust. Eine Monatsschrift für Kunst, Literatur und Musik, 9, 1922/23

Zum sechsten Mai 1926, in: Almanach des Internationalen Psychoanalytischen Verlages, Wien 1927

Was daraus folgt, daß es nicht die Frau gewesen ist, die den Vater erschlagen hat, in: Almanach des Internationalen Psychoanalytischen Verlages, Wien 1928

Rilke und Rußland, in: Russische Blätter, Nr. 1, 1928 (auch in: «Rainer Maria Rilke»)

Der Kranke hat immer recht, in: Almanach des Internationalen Psychoanalytischen Verlages, Wien 1933

Paris, Wien und München, in: Insel-Almanach 1952 (auch in: «Lebensrückblick»)

Lou Andreas-Salomé und Rainer Maria Rilke. Briefe, in: Du, 12, Bd. 1, 1952

Zu Besuch bei Freud. Auszug aus Lou Andreas-Salomés Tagebuch vom November 1921, hg. von Ernst Pfeiffer, in: Almanach des S. Fischer Verlags. Das neunundsiebzigste Jahr, Frankfurt/M. 1965

Miterleben: Tier und Pflanze. Alles Lebendige meint den Menschen, in: I. Buck und G. K. Schauer (Hg.), Gedenkbuch für Max Niehans, Bern 1972

c) Unveröffentlichte Manuskripte
(im Lou Andreas-Salomé Archiv, Göttingen)
Tagebücher von Nov. 1893–Juli 1900 und Nov. 1900–Dez. 1934
Die Rußlandreise, 1900
Der Stiefvater. Spiel in drei Akten, 1925–1930
Der Gott (teilweise veröff. in: Miterleben: Tier und Pflanze. Alles Lebendige meinet den Menschen, in: I. Buck und G. K. Schauer [Hg.], Gedenkbuch für Max Niehans, Bern 1972)

3. Über Lou Andreas-Salomé und ihre Zeit (eine Auswahl)*

Bab, Hans Jürgen: Lou Andreas-Salomé. Dichtung und Persönlichkeit, Diss. Berlin 1955

Bahr, Hermann: Die Überwindung des Naturalismus. Als zweite Reihe von «Zur Kritik der Moderne», Dresden und Leipzig 1891

Bäumer, Gertrud: Lou Andreas-Salomé, in: Die Frau, 44, 1936/37 und in: Gestalt und Wandel, Frauenbildnisse, 1939

Berlin, Isaiah: Russische Denker, Frankfurt/M. 1981

Binion, Rudolph: Frau Lou. Nietzsche's Wayward Disciple, Princeton 1968

Böckmann, Paul: Die Bedeutung Nietzsches für die Situation der modernen Literatur, in: Vierteljahrsschrift für Literaturwissenschaft und Geistesgeschichte, 27, 1953, S. 77 f

Bourget, Paul: Psychologische Abhandlungen über zeitgenössische Schriftsteller, München 1903 (1883[1])

Brandes, Georg: Moderne Geister. Literarische Bildnisse aus dem XIX. Jahrhundert, Frankfurt/M. 1887
Menschen und Werke. Essays, Frankfurt/M. 1894

Chapple, Gerald, und Schulte, Hans H. (Hg.): The Turn of the Century. German Literature and Art, 1890–1915, Bonn 1981

Gropp, Rose M.: Andreas-Salomé mit Sigmund Freud, Ergebnisse der Frauenforschung, 13, Weinheim–Basel 1988

Guery, F.: Lou Salomé: génie de la vie, Paris 1978

Hamsun, Knut: Psychologie und Dichtung, Stuttgart 1964

Heimpel, Elisabeth: Lou Andreas-Salomé, in: Neue deutsche Biographie, Bd. 1, 1953

Herz, Rudolf, und Bruns, Brigitte (Hg.): Hof-Atelier Elvira. 1887–1928. Ästheten, Emanzen, Aristokraten, München 1985

Koepcke, Cordula: Lou Andreas-Salomé. Ein eigenwilliger Lebensweg. Ihre Begegnung mit Nietzsche, Rilke und Freud, Freiburg i. B. 1982
Lou Andreas-Salomé. Leben, Persönlichkeit, Werk. Eine Biographie, Frankfurt/M. 1986

Livingstone, Angela: Lou Andreas-Salomé. Her Life (as Confidante of Freud, Nietzsche and Rilke) and Writings (on Psychoanalysis, Religion and Sex), London and Bedford 1984

Lublinsky, Samuel: Der Ausgang der Moderne, hg. von Gotthart Wunberg, Tübingen 1976

Müller-Loreck, Leonie: Die erzählende Dichtung Lou Andreas-Salomés: Ihr

* Umfangreiche Verzeichnisse der Sekundärliteratur s.:
Livingstone, Angela: Lou Andreas-Salomé, a. a. O., S. 248 f
Welsch, Ursula, und Wiesner, Michaela: Lou Andreas-Salomé, a. a. O., S. 500 ff

Zusammenhang mit der Literatur um 1900, Diss. 1972, veröff. Stuttgart 1976

PETERS, HEINZ F.: My Sister. My Spouse. A Biography of Lou Andreas-Salomé, New York 1962, London 1963; dt. Ausgabe: Lou. Das Leben der Lou Andreas-Salomé, München 1964

PFEIFFER, ERNST: Lou Andreas-Salomé, in: Handbuch der deutschen Gegenwartsliteratur, München 1965

PODACH, ERICH F.: Friedrich Nietzsche und Lou Salomé: Ihre Begegnung 1882, Zürich und Leipzig 1938

SCHMIDT MACKEY, ILONA: Lou Salomé. Inspiratrice et interprète de Nietzsche, Rilke et Freud, Paris 1968

SOERGEL, ALBERT: Dichtung und Dichter der Zeit. Eine Schilderung der deutschen Literatur der letzten Jahrzehnte, 2 Bde., Leipzig 1911

WELSCH, URSULA, und WIESNER, MICHAELA: Lou Andreas-Salomé. Vom «Lebensurgrund» zur Psychoanalyse, München–Wien 1987

WORBS, MICHAEL: Nervenkunst, Frankfurt/M. 1983

Wunberg, Gotthart: Das junge Wien. Österreichische Literatur und Kunstkritik, 1887–1902, 2 Bde., Tübingen 1976

Namenregister

Die kursiv gesetzten Zahlen bezeichnen die Abbildungen

Über die Autorin

Linde Salber, promovierte Diplompsychologin und Psychotherapeutin, geboren 1944 in Tütz/Pommern, arbeitet als Akademische Oberrätin an der Universität Köln. Ihr Forschungsschwerpunkt: die Zusammenhänge zwischen Lebensgeschichte und künstlerischem Schaffen. Sie ist als Malerin aktiv und hat seit 1995 mehrere Austellungen bestritten. Autorin der Rowohlt-Monographien «Frida Kahlo» (1997, rm 50534) und «Anaïs Nin» (1992, rm 50482) sowie der Biographie «Tausendundeine Frau. Die Geschichte der Anaïs Nin» (Rowohlt, 1995).

Quellennachweis der Abbildungen

Lou Andreas-Salomé-Archiv, Göttingen: 6, 13, 14, 16, 17, 22, 27, 30, 33, 38, 41, 44, 65, 80, 81, 82, 94, 99, 110, 125, 127, 129
Aus: Levines lustiges Literarium, Reinbek 1970: 9
Linde Salber, Köln: 12, 85, 97, 101
Archiv für Kunst und Geschichte, Berlin: 20, 20/21, 48, 95, 104/105
Gemeindearchiv Velsen: 23
Bildarchiv Preußischer Kulturbesitz, Berlin: 26, 29, 34, 52, 68
Aus: Friedrich Würzbach, Nietzsche, Berlin 1942: 36
Schiller-Nationalmuseum, Marbach: 45, 53
Privatbesitz, Ascona: 47
Deutsches Theatermuseum, München: 49
Aus: Albert Soergel, Dichtung und Dichter der Zeit, Leipzig 1916: 54, 72
© VG Bild-Kunst, Bonn, 1989: 55, 107
Nietzsche-Haus, Sils-Maria: 57
Pamela Regnier-Wedekind: 62
Ullstein Bilderdienst, Berlin: 63, 69
Aus: Lou Andreas-Salomé, Lebensrückblick, Zürich 1951: 66, 79
Aus: Traum und Wirklichkeit. Wien 1870–1930, Wien 1985: 67, 76
Kolja Mansurow, Moskau: 84
Aus: Ingeborg Schnack, Rilkes Leben und Werk im Bild, Wiesbaden 1956: 86, 119
Rowohlt-Archiv: 87, 115
Aus: Das heutige Rußland, Leipzig 1876: 88
Jenö Eisenberger, Wien: 91
Internationale Bild-Agentur, Zürich: 111
Aus: Paul Roazen, Brudertier, Hamburg 1973: 113
Sammlung W. Ernest Freud: 118
Österreichische Nationalbibliothek, Wien: 123

Literatur

rowohlts monographien
Begründet von Kurt Kusen-
berg, herausgegeben von
Wolfgang Müller und Uwe
Naumann.

Alfred Andersch
dargestellt von
Bernhard Jendricke
(50395)

Lou Andreas-Salomé
dargestellt von Linde Salber
(50463)

Ernest Hemingway
Hans-Peter Rodenberg

Bettine von Arnim
dargestellt von
Helmut Hirsch
(50369)

Jane Austen
dargestellt von
Wolfgang Martynkewicz
(50528)

Simone de Beauvoir
dargestellt von
Christiane Zehl Romero
(50260)

Wolfgang Borchert
dargestellt von
Peter Rühmkorf
(50058)

Albert Camus
dargestellt von
Brigitte Sändig
(50635)

Raymond Chandler
dargestellt von
Thomas Degering
(50377)

Joseph von Eichendorff
dargstellt von
Hermann Korte
(50568)

Theodor Fontane
dargestellt von
Helmuth Nürnberger
(50145)

Frauen um Goethe
dargestellt von Astrid Seele
(50636)

Ernest Hemingway
dargestellt von
Hans-Peter Rodenberg
(50626)

Henrik Ibsen
dargestellt von
Gerd E. Rieger
(50295)

James Joyce
dargestellt von Jean Paris
(50040)

rowohlts monographien

Ein Gesamtverzeichnis der
Reihe *rowohlts mono-
graphien* finden Sie in der
Rowohlt Revue. Viertel-
jährlich neu. Kostenlos in
Ihrer Buchhandlung.
Rowohlt im Internet:
www.rowohlt.de

rowohlts monographien
Begründet von Kurt Kusen-
berg, herausgegeben von
Wolfgang Müller und Uwe
Naumann.

Louis Armstrong
dargestellt von Ilse Storb
(50443)

Johann Sebastian Bach
dargestellt von Martin Geck
(50637)

George Bizet
dargestellt von
Christoph Schwandt
(50375)

Frédéric Chopin
dargestellt von Jürgen Lotz
(50564)

Hanns Eisler
dargestellt von Fritz
Hennenberg
(50370)

John Lennon
dargestellt von Alan Posener
(50363)

Franz Lehár
dargestellt von
Norbert Linke
(50427)

Felix Mendelssohn Bartholdy
dargestellt von
Hans Christoph Worbs
(50215)

Elvis Presley
dargestellt von
Alan und Maria Posener
(50495)

Sergej Prokofjew
dargestellt von
Thomas Schipperges
(50516)

Johann Sebastian
Bach
Martin Geck

Giacomo Puccini
dargestellt von
Clemens Höslinger
(50325)

Sergej Rachmaninow
dargestellt von
Andreas Wehrmeyer
(50416)

Gioacchino Rossini
dargestellt von
Volker Scherliess
(50476)

Robert Schumann
dargestellt von
Barbara Meier
(50522)

Heinrich Schütz
dargestellt von
Michael Heinemann
(50490)

Richard Strauss
dargestellt von
Walter Deppisch
(50146)

rowohlts monographien

Weitere Informationen in der
Rowohlt Revue, kostenlos im
Buchhandel, und im **Internet:**
www.rororo.de